Luminance

Olivia Boa

Luminance

Principe d'intégration de la conscience à la matière

Les fondements quantiques

L'Avaël des Pléiades

ARIANE

Auteur : Olivia Boa

1217, av. Bernard O., bureau 110, Outremont, Qc, Canada H2V 1V7
Téléphone : 514-276-2949, télécopieur : 514-276-4121
Courrier électronique : info@editions-ariane.com
Site Internet : www.editions-ariane.com

Révision linguistique : Monique Riendeau
Graphisme et mise en page : Carl Lemyre
Première impression : août 2012

ISBN : 978-2-89626-112-3
Dépôt légal :
Bibliothèque et archives nationales du Québec, 2012
Bibliothèque et archives nationales du Canada, 2012
Bibliothèque nationale de Paris

Diffusion
France et Belgique : D.G. Diffusion – 05.61.000.999
www.dgdiffusion.com
Suisse : Transat – 23.42.77.40

Imprimé au Canada

www.editions-ariane.com

Table des matières

Avant-propos

Dans cet ouvrage, l'auteure nous fait part de son regard particulier sur la matière, de la composition particulaire aux interactions possibles entre l'homme et son environnement.

L'auteure, qui expérimente quotidiennement dans son cabinet de thérapeute les interactions entre l'être, la lumière et le magnétisme, nous présente un compte rendu très détaillé de l'activité au sein de la particule, de l'illusion de la masse en physique quantique et de l'illusion de la séparation macroscopique, tout étant infiniment lié dans le domaine quantique, du microscopique. De la création d'une particule à partir de la lumière jusqu'à son interaction avec la matière : nous.

L'ouvrage se décline en plusieurs grandes parties. En fait, la même théorie sur la composition de la matière est expliquée tant d'un point de vue scientifique que métaphysique.

Chapitre 1

L'interconnexion entre chaque particule

Les capacités psychiques si éloignées des théories physiques ? Pas si sûr…

À l'heure actuelle, et depuis toujours, on essaie de réunir deux grands domaines : la science et l'ésotérisme.

Tout comme en science, nous essayons éperdument de réunir le microscopique et le macroscopique… mais en vain.

Les lois régissant le macrocosme, comme la gravité en astrophysique, restent hermétiques au microcosme, la gravité étant quasi inexistante dans le domaine quantique étant donné la petitesse des masses des particules. D'autres lois bien spécifiques régissent l'infiniment petit.

La quête du Graal d'Einstein, c'est-à-dire d'uniformiser en une seule et unique équation une loi qui s'appliquerait aussi bien au macrocosme qu'au microcosme, est loin d'avoir abouti.

De même, le domaine ésotérique, de la gestion de ses pensées, de son énergie, de sa propre interaction sur la matière, de la théorie du Tout, de l'inconscient collectif… paraît à des années-lumière de nos théories scientifiques.

Et pourtant, depuis quelques décennies, la physique quantique, qui est l'étude de l'unité de la matière, nous dévoile des secrets et des faits mesurables et reproductibles que tous les scientifiques s'efforcent de comprendre de manière rationnelle.

Comme **l'intrication particulaire** : deux particules créées au même moment restent en communication permanente, même si elles sont espacées de milliards de kilomètres. Altérez l'ordre de la première et la seconde changera instantanément, se calquant sur le modèle de sa sœur !

L'indéterminisme en physique quantique, le fameux chat de Schrödinger : on ne peut savoir exactement dans quel état sont des particules tant qu'il n'y a pas d'observateur pour les mesurer. Et ce, tout simplement parce qu'en mécanique quantique, un atome peut exister dans plusieurs endroits en même temps ! Jusqu'à ce qu'on vérifie ce qu'il fait.

L'effet tunnel : une particule peut jouer les passe-murailles et traverser un mur de particules, simplement parce qu'en mécanique quantique une particule est en même temps une onde et un corpuscule.

Ces faits ne sont que les exemples les plus frappants.

Par notre vision macroscopique, nous avons l'impression que chaque corps est séparé par un espace.

Que ce que je suis est différent de ce que mon voisin est.

Nous sommes séparés, protégés par un espace qui nous dissocie. Apparemment, ce que je fais m'appartient et n'entre pas en résonance avec mon voisin si je n'interagis pas avec lui.

En théorie, c'est ce que nous pensons tous.

Et c'est ce que nous laisse sous-entendre notre monde macroscopique.

Nos corps sont formés de molécules qui sont à leur tour formées d'atomes eux-mêmes formés de particules. Nous sommes un ensemble très complexe d'additions de micro-éléments.

En chaque cellule de notre corps se trouve notre ADN, l'information globale de notre fonctionnement. Même si les cellules ont des fonctions différentes, elles ont toutes en elles l'information de la totalité de notre être, un seul et unique mode d'emploi.

La particule a un fonctionnement analogue.

C'est-à-dire qu'en son sein une seule et unique matrice, qui est la même pour chaque particule présente dans l'univers, si différente dans ses fonctions.

En quelques siècles, les immenses progrès de la technologie nous ont permis de percevoir de plus en plus profondément les infimes structures de la matière.

Nous sommes même arrivés à manipuler, atome par atome, des nanostructures.

Cependant, notre technologie ne peut encore voir l'intérieur des particules. De nombreuses spéculations ont vu le jour pour établir un pont entre les effets observés en physique quantique et la réalité de la matière.

La théorie des cordes, la théorie holographique et les théories s'appliquant à une multitude de micro-univers à l'intérieur de chaque particule sont toutes cohérentes !

Beaucoup de physiciens quantiques se tournent vers ces théories afin d'apporter des solutions aux problèmes rencontrés dans l'infiniment petit.

Ils ne sont pas tous en accord, mais chacun apporte un morceau du puzzle au fur et à mesure de ses équations et théories.

La théorie des cordes, qui a suscité beaucoup d'intérêt durant les années 1990, repose sur la théorie selon laquelle les particules ponctuelles qui constituent l'univers ne seraient pas des sortes de briques, mais plutôt des sortes de cordelettes vibrantes possédant une tension, à la manière d'un élastique. Ce que nous percevons comme des particules distinctes ne serait que des cordes vibrant différemment. La masse, la charge électrique et d'autres caractéristiques de la particule ne seraient que le résultat de ces vibrations.

La théorie holographique, elle, représente tout l'univers sous forme d'hologramme. Autrement dit, l'information n'appartient pas à un groupe ou à un lieu particulier, mais à l'ensemble de l'univers, tout étant relié en tout point. Ainsi, même en coupant une partie de l'univers nous ne pouvons pas faire disparaître l'information, car son tout est contenu partout, à la manière d'un hologramme, d'où le nom de cette théorie.

Cependant, un hologramme est une projection. Si nous vivons bel et bien dans une projection (tel le scénario du film *La Matrice*), cela veut dire qu'il y a une « autre » réalité quelque part et que cette réalité nous projette…

La théorie des multiunivers diverge sur le nombre exact des différents univers potentiels, les équations possibles donnant des résultats différents. Cette théorie décrit notre monde comme étant multiple, avec plusieurs réalités qui évoluent en parallèle.

Elle inclut également la théorie des cordes avec des micro-univers recroquevillés sur eux-mêmes à l'intérieur des particules.

Tout comme la possibilité d'avoir des macro-univers parallèles au nôtre, en envisageant également que ces macro-univers puissent avoir des lois différentes que celles que nous connaissons à l'heure actuelle.

Les thèses et les recherches très sérieuses dans le domaine de la physique quantique peuvent paraître par moments approcher de la science-fiction, et pourtant les résultats obtenus sont là ! Plus d'un physicien pourrait prendre une aspirine à l'approche de ses analyses et au décryptage « logique » des systèmes quantiques.

Ainsi, notre « logique » est mise à bien rude épreuve quand on commence à rentrer dans le domaine de la physique quantique et de ses lois.

La théorie qui va suivre permet de regrouper, entre autres, les caractéristiques des trois premières théories citées.

Depuis la nuit des temps, l'homme a conscience qu'il a un immense potentiel en lui.

Par sa connexion parfois particulière à la nature, aux animaux, à l'inconscient collectif, à des dimensions parallèles comme l'astral ou la dimension du rêve, l'homme prend conscience de son interaction avec différents espaces invisibles.

Les mystiques les connaissent bien, certains scientifiques cherchent à pouvoir les découvrir aussi bien par des équations que par l'observation des particules, la base de la matière.

Dans le milieu ésotérique, il est connu et transmis depuis longtemps que chaque être est relié à une sorte de trame, d'éther ou encore d'inconscient collectif qui lui donne accès à une masse colossale d'informations regroupées sous forme de vibrations énergétiques.

L'inconscient collectif regroupe chaque pensée, chaque parole, chaque acte dans une forme d'énergie qui se modèle au gré des vagues que forment ces milliards de petites gouttes individuelles, c'est-à-dire nous.

Pris individuellement, nous sommes chacun une goutte, pris globalement, nous formons un océan !

Depuis des siècles, des êtres ayant un regard philosophique différent sur la Vie et une ouverture de conscience plus grande ont perçu cela et ont essayé de nous transmettre cette vision globale afin que nous ne restions pas seuls et étriqués dans notre vision individualiste, mais que nous puissions prendre conscience de ce magnifique potentiel inhérent à chaque être.

En réalité, inhérent à chaque particule…

Chaque être a la capacité de se relier intimement à l'univers entier.

La notion de séparation est une grande illusion ! Plus l'être va se disperser et tenter de se rapprocher des autres à l'extérieur, plus il va se perdre et au contraire s'éloigner de LA source commune. Au contraire, plus il va se recentrer, se concentrer (« avec » « le centre »), plus il aura accès aux « portes » internes à chaque être et il pourra se rapprocher de l'Unité.

Il en est de même pour la Connaissance. Plus on va chercher la Connaissance à l'extérieur, moins on risque de la trouver… De tout temps, les grands chercheurs s'isolent pour mieux se concentrer sur leurs travaux et ne pas s'éparpiller à l'extérieur.

Attention de ne pas confondre le Savoir et la Connaissance ! Les deux sont par moments liés. Le Savoir, c'est l'action d'apprendre et de se renseigner sur un sujet, c'est une action qui tend vers l'extérieur. La Connaissance, c'est avoir expérimenté en son être, c'est connaître le sujet intimement, car on l'a vécu, c'est une action qui tend vers l'intérieur. On peut lire beaucoup et savoir beaucoup de choses sur un sujet sans le connaître. Ainsi, on peut lire et se renseigner sur un pays, savoir plein de choses sur ce pays sans pour autant l'avoir connu.

En résumé, la Connaissance c'est vivre le Savoir.

De nos jours, avec l'expansion des réseaux de communication chacun peut savoir un nombre incalculable de choses sans pour autant les avoir connues et expérimentées. Là est la différence entre la Connaissance et le Savoir, mais beaucoup trop de personnes confondent les deux termes.

« Connais-toi toi-même et tu connaîtras l'Univers et les Dieux. » (Socrate)

Dans cette phrase, notez que le mot Univers a une majuscule et que le mot Dieux est au pluriel, Dieux étant pris ici dans le sens de Secrets, toujours au pluriel.

Il est primordial de pouvoir reconnecter le centre de son être pour avoir accès à tous ses secrets, ce qui parfois motive toute une vie de recherche. De chercher à appréhender le monde dans lequel on vit, le but de notre vie, qui on est, où on va.

Se rapprocher de Dieu, cette force unique de création, ne peut se faire QUE par l'intérieur de chaque être. On ne peut le chercher par l'extérieur… ou alors si, mais on s'égare.

Chaque personne a connu (donc expérimenté dans son être) au moins une fois dans sa vie la sensation de « capter » quelque chose, des informations sur un sujet, souvent de façon émotionnelle (nous verrons pourquoi dans la suite des chapitres). Peu importe le nom donné : ressenti, prémonition, sixième sens, clairvoyance, instinct, petite voix, etc.

Aucune personne ne peut affirmer n'avoir jamais ressenti cette sensation de capter des données sur un sujet qui lui tient à cœur sur le moment.

On parle alors de sixième sens chez les animaux ou chez les femmes (qui sont souvent plus émotives que les hommes) ou bien d'instinct chez l'homme. Lors du tsunami de 2004, de nombreux touristes sur la plage affirment que quelques minutes avant les premières vagues, plus aucun bruit de la faune n'était perceptible, comme si tous les singes, oiseaux et autres animaux avaient fui à l'intérieur des terres. Avant même l'arrivée des premières vagues, les animaux avaient fui. Les animaux sentent le danger ; des centaines d'exemples le confirment.

Ils sentent le danger, mais ils sont aussi capables de se relier entre eux à distance. Cette forme d'intrication quantique a été recensée plusieurs fois. L'exemple le plus connu est « la théorie du centième singe » : des scientifiques ont observé que des singes sur une île avaient commencé à laver leurs pommes de terre avant de les manger. Cette idée est sûrement une part de la découverte d'un de ces singes, qui trouva que les pommes de terre avaient meilleur goût une fois lavées et le sable enlevé. Les autres singes de cette île prirent exemple sur ce congénère et lavèrent à leur tour leurs pommes de terre. Au bout d'un certain temps, quelque chose d'étonnant se produisit : des groupes de singes d'une autre île isolée se mirent eux aussi à laver leurs pommes de terre avant de les manger ! Ces deux groupes de singes n'avaient pourtant pas été en communication directe pour « se passer le mot ». Cependant, l'information, elle, était bien passée. Ce qui étonna les chercheurs, c'est que cela ne se déroula pas comme sur la première île, où il y eut d'abord un animal, puis deux, puis trois, et progressivement de plus en plus de singes qui le firent. En effet, sur la seconde île, tous les singes en même temps avaient lavé leurs pommes de terre ! Ainsi, la conclusion de l'observation de ce phénomène donna la théorie des champs morphogénétiques. Le comportement du premier groupe donne naissance à un champ vibratoire qui contient l'information « les pommes de terre lavées ont meilleur goût ». À partir d'une masse critique donnée (le centième singe), ce champ acquiert une intensité qui permet à d'autres de recevoir l'information.

Les animaux ont en quelque sorte une activité mentale, intellectuelle, moins intense que celle de l'homme. C'est ce qui nous différencie des animaux. C'est aussi cela qui nous empêche de nous centrer comme il le faudrait sur notre être. Notre mental nous disperse vers l'extérieur. C'est aussi lui qui a plus soif de Savoir que de Connaissances.

Chaque être est capable de se relier intimement à un réservoir colossal d'informations.

C'est cette capacité que j'ai découverte depuis mon enfance et qui m'a permis de « capter » intérieurement les versets qui suivent, regroupés sous le nom **d'Avaël* des Pléiades.**

C'est selon le principe des ondes radio que j'ai pu capter ces fréquences et que je les ai retranscrites.

---

* L'Avaël est le nom donné aux informations perçues lors de méditations contemplatives lorsque la perception du champ de conscience se modifie.

Ensuite, par mon travail de recherche, j'ai décrypté et transféré ces écrits sous forme de théorie quantique sur la matière.

Les chapitres subséquents en sont le résultat.

CHAPITRE 2

L'Avaël

Les versets des Pléiades

Les informations qui suivent ont été perçues en état modifié de conscience.

Par un recentrage extrême sur le cœur de chaque particule.

En guise de métaphore pour bien décrire le procédé, disons que c'est comme si on était un immense édifice constitué d'une multitude de petites briques, soit des molécules, que ces molécules seraient constituées d'atomes qui seraient faits de particules, des particules qui ne seraient pas dures comme de la pierre, mais perméables, et dans lesquelles on pourrait puiser ou déposer des informations.

Ces «petites briques» qui composent le cœur de l'édifice renferment en leur sein six dimensions ou portes différentes.

Semblable à la cellule qui renferme en son cœur l'ADN. La particule renferme en son cœur une sorte de porte qui donne accès à toutes les autres particules et également une autre porte qui donne accès à ses informations, à une sorte de banque de données.

Bien trop de personnes habitent cet édifice depuis des années sans même s'être souciées de ces fameuses portes et de savoir sur quoi elles ouvraient ? Sur quel champ de conscience ?

Pourquoi ?

Tout simplement parce que chaque personne à le leurre de chercher à l'extérieur les réponses qui sont tout simplement à l'intérieur de son être.

C'est d'ailleurs en passant par l'intérieur de son être, par « ces portes », que l'on peut réellement se rapprocher d'une autre personne et qu'une empathie profonde en découle. On vit alors dans nos cellules ce que l'autre vit et ressent comme si on était dans sa peau. L'empathie est l'action de se brancher intérieurement sur l'être, sur les molécules d'une autre personne.

En explorant ces portes, on peut capter de nombreuses informations. La distance n'a plus d'importance. Même éloignée de plusieurs milliers d'années-lumière, l'information est captée par le passage interne de ces portes qui est à porté de main, en nous. C'est ainsi que nous pouvons expliquer la télépathie, entre autres…

I

Fréquences lumière

1. Tout ce qui est dans ce monde n'est que de la lumière manifestée.
2. La lumière vibre. Quand vous découvrirez cela, ce sera l'une de vos plus grandes avancées.
3. Ce sont les différentes fréquences de la lumière qui permettent l'existence de chaque chose.. C'est la fréquence qui détermine la composition de chaque particule.
4. En modelant la fréquence de la lumière, vous pourrez modeler la fréquence des particules et, par conséquent, de la matière.
5. La lumière permet la vie ; elle est le véhicule et la forme que prend chaque conscience.
6. La lumière est conscience.
7. Et la conscience est lumière.
8. L'une et l'autre interagissent en permanence.
9. La matière tangible n'est que la conséquence de cette interaction.
10. Le plus grand outil à votre disposition est votre cerveau ; il est un fabuleux émetteur-récepteur de champs de fréquence. Par conséquent, il modèle tout son environnement.

11. Il interagit en permanence sur la matière, à votre insu. Et ce, tout simplement parce que vous n'en avez pas conscience !

12. Prenez conscience de cette capacité et vous accéderez à d'autres dimensions tout aussi réelles que tangibles.

13. Vous accèderez à la capacité de créer la matière environnante.

14. Chaque particule résonne profondément avec son environnement, donc avec vos cerveaux.

15. Vos cerveaux « transforment » en permanence la réalité, changent son cours.

16. Tout bouge !

17. Vous faites bouger ce Tout.

Prenez-en conscience, car c'est la première étape d'un long parcours initiatique.

II

Conscience particulaire

1. Chaque particule vibre en son sein. C'est ce que vous pouvez appeler la théorie des cordes. Tout vibre, tout n'est que vibrations.

2. En réalité, il ne s'agit pas de cordes… mais peu importe. Ce qui importe, c'est que vous associiez déjà cela à des formes de cordes.

3. La lumière est conscience. Et la conscience est lumière. L'une ne va pas sans l'autre.

4. Chaque particule de matière est capable en son sein d'émettre un rayonnement lumineux.

5. Ce photon évacué a lui aussi une vibration particulière.

6. Sa fonction est toute particulière, car ces interactions ont lieu en permanence tout autour de vous, si petites soient-elles.

7. C'est la forme de vibration que procure le déplacement du photon lors de son émission, plus la vibration elle-même de ce photon, qui crée tout autour de son champ d'action un déplacement énergétique qui engendre une modification profonde de la matière.

8. C'est ainsi que tout bouge.

9. Quand nous disons que tout est conscience, c'est simplement que sans conscience rien n'existe dans l'univers.

10. Conscience ne veut pas forcément dire mental ou réflexions.

11. Conscience veut dire capacité à concevoir son existence, son rôle, si minime soit ce dernier.

12. Sans conscience, pas d'existence.

13. Sans conscience, il y a désintégration littérale de chaque structure de base.

14. Les trous noirs sont par excellence des endroits où chaque conscience cesse d'exister.

15. Donc, chaque particule se désintègre et cesse toute existence.

16. Certains champs de force permettent de désactiver les consciences, donc les activités et le but « grégaire » de toute chose qui existe.

17. Si on parle purement et simplement de Dieu, c'est dans les trous noirs que « Dieu » déprogramme les consciences de chaque particule. Elles se « volatilisent », car elles cessent d'exister.

18. Elles sont compactées les unes sur les autres de façon si intense qu'elles ne font qu'une. Les trous noirs ne pourront jamais émettre de la lumière, car la lumière est conscience.

19. C'est ça le néant, c'est la non-conscience.

20. Il peut vous paraître un peu déroutant qu'il n'y ait pas de lumière sans conscience, et surtout que chaque particule

puisse avoir cette forme de conscience que vous seul pensez détenir.

21. Dans le monde microscopique des particules, chaque élément a sa place et son rôle. Il n'y a rien de chaotique, comme vous pouvez le concevoir.

22. Une ruche de 300 abeilles peut paraître chaotique de prime abord, mais vu de plus près tout est méticuleusement dirigé et coordonné.

III

Dimensions intrinsèques

1. Chaque particule abrite en son sein plusieurs niveaux (types) de vibrations que l'on nommera dimensions. Ces dimensions (ou types de vibrations) sont au nombre de six.

2. La première est une sorte de dimension « cœur » qui abrite le siège de la conscience particulaire. Elle donne le rythme à toutes les autres.

3. La deuxième est une dimension « porte » qui relie entre elles toutes les choses existantes. C'est la porte et le lien qui mènent au Tout. C'est une forme d'inconscient collectif et le dénominateur commun de chaque conscience dans l'univers.

4. La troisième est une dimension un peu égale à la précédente. Toutefois, elle est reliée à tout son environnement proche, un peu comme les cinq sens des humains.

5. La portée des cinq sens est limitée. Il en est ainsi des particules. La longueur de communication de cette dimension est limitée à environ un mètre.

6. La quatrième dimension en est une de stockage de données. C'est un peu l'ADN de la particule, sa carte de fréquences de base.

7. La cinquième dimension donne accès à la quatrième. C'est une sorte de porte d'accès aux données de base. C'est par la cinquième dimension que l'on peut reformater les vibrations d'une particule.

8. La sixième dimension donne accès à la première. C'est par elle qu'est permise la désactivation de la conscience particulaire, soit la cessation de son activité, la mort.

9. C'est par cette sixième dimension que l'attraction des trous noirs désactive la conscience de toute particule, qui cessera alors d'exister instantanément.

10. Toutes ces dimensions appartiennent aux particules, donc à la matière, à toute chose.

11. La vibration de chaque particule est dictée par le « cœur » de ces dimensions.

12. Tout vibre, et c'est grâce à ces vibrations que l'on peut accéder à l'infini.

IV

Ubiquité particulaire

1. Bien sûr, chaque particule peut prendre un état bien défini avant la mesure.

2. L'état de la particule est vibratoire. Le fait de vibrer lui procure des particularités bien singulières. Cela lui permet, entre autres, de « choisir » le mode opératoire à prendre lors d'interactions entre particules.

3. Son état n'étant pas défini, mais oscillatoire, c'est juste lorsque l'on a besoin de se positionner que la particule le fait.

4. Tout est conscience.

5. Tout est conscience, même si cela vous rend perplexe. La complexité interne d'une particule lui permet de « tout savoir », de « tout voir », et d'anticiper chaque mouvement avant qu'il ne soit défini.

6. Tout n'est qu'incertitudes et vibrations. C'est nous tous qui faisons bouger ce Tout.

7. En fait, l'univers est une sorte de grande pâte à modeler intelligible que l'on peut modeler à notre gré (dans la mesure qu'il y ait un minimum de cohérence dans la focalisation de la pensée). Cela n'est guère de la science-fiction ; c'est juste la réalité.

8. Une particule peut prendre plusieurs états, plusieurs dimensions et être en plusieurs lieux à la fois. Tout cela, par expansion de conscience, par duplication parfaite, en quelque sorte. Le modèle se retrouve en des positions et des lieux tellement différents et éloignés qu'il ne peut y avoir de doute quant à sa capacité d'ubiquité*. Tout cela se passe à des vitesses dépassant largement celle de la lumière.

9. Le passage interne de ces dimensions se fait de façon instantanée. Le temps égale zéro.

10. Tout, dans l'univers, est interrelié.

11. Tout est en communication, si loin peuvent paraître les étoiles et galaxies…

12. Les étoiles sont en contact permanent avec vous par vos structures internes. Vous pouvez communiquer directement avec elles !

13. La pensée est une vibration qui dépasse celle de la lumière.

14. Toutefois, la manifestation tangible et dense de la pensée ne peut encore être maîtrisée à votre échelle.

15. Pensez à un lieu que vous connaissez et vous y serez instantanément. Il y aura une forme de duplication de vous-même, votre corps dense restera à sa place, mais votre esprit sera à une autre simultanément.

---

* L'ubiquité ou omniprésence est la capacité d'être présent en plusieurs lieux simultanément. Le terme est dérivé du latin *ubique* qui signifie « partout ».

16. Personne ne pourra mesurer si vous réussissez à laisser un certain nombre de particules, d'atomes ou même de molécules dans ce lieu…

17. Votre conscience, donc votre capacité vibratoire, sera dans ce lieu. Il y aura simultanéité.

18. Sachez mesurer le dépôt de particules que vous pouvez laisser dans deux endroits en même temps et vous comprendrez alors ce don d'ubigüité des particules.

V

Composition particulaire

1. Une particule vibre.
2. Sa multicomplexité lui confère énormément de caractéristiques, en réalité quasi infini, tout étant relié en chaque point dans la création.
3. Rien à l'échelle microscopique ne peut être séparé.
4. Seule l'échelle macroscopique peut donner cette vision.
5. Chaque corps macroscopique étant formé de microscopiques particules ayant ce potentiel de connexion interne à n'importe quel environnement, cela permet la connexion de chaque grand corps à tout son environnement.
6. Cependant, la complexité et la multitude de ces corps rendent la cohérence parfaite entre eux moins évidente. Ainsi, plus le corps est complexe, plus difficiles seront la symbiose et la simultanéité de ce phénomène. C'est pourquoi il est difficile d'observer à l'échelle macroscopique les merveilleuses prouesses du microscopique.
7. Néanmois, ce potentiel existe en chacun de nous et en chacun de ces corps.
8. Il faut un chef d'orchestre avisé pour coordonner le tout.

9. Ce qui ne veut pas dire que cela est impossible, car chaque potentiel microscopique fait partie du macroscopique.

10. Seule la coordination manque.

11. Si on parle tout simplement de psychisme, il y a un potentiel colossal en chacun de nous et en chaque espèce, par sa structure interne.

12. Seule la pratique manque.

13 Rien n'est impossible.

Rien n'est improuvable.

Tout se peut et se permet d'être.

VI

Pare-feu particulaire

1. La masse des particules n'existe pas. C'est la rotation des hémisphères qui fait que la masse existe.
2. Chaque rotation est déterminée par une fréquence, et c'est cette fréquence qui détermine « la valeur » d'une particule, qui lui donne une propriété.
3. C'est ainsi qu'il n'existe pas plus de 220 valeurs, car 220 fréquences sont regroupées et répertoriées ainsi.
4. On peut aisément changer la valeur d'une particule (poids, charge, etc.) en changeant sa fréquence.
5. Il faut juste avoir accès à cette banque de données précise.
6. C'est ainsi que fonctionne l'univers et qu'il est régi.
7. Il y a une possibilité d'isoler une valeur particulaire pour ne pas qu'elle interagisse avec les vibrations environnantes qui pourraient modifier son état interne.
8. Un facteur contribue à contrebalancer la force (pression) exercée par toute accélération sur une particule. C'est cette force G [gravitationnelle] présente sur terre.
9. Ce facteur de protection ou de cloisonnement est induit par un puissant champ magnétique circulaire qui « isole »

spontanément l'action de cette pression au cœur même de la structure accueillant ce champ.

10. La force G s'exercerait à la périphérie de la sphère, empêchant ainsi le facteur *m* d'augmenter sous la pression exercée sur *v*.

11. En induisant un puissant courant magnétique à une structure parfaitement circulaire, le champ magnétique « repoussera » à ses limites la pression qu'exercerait normalement la force G sur la structure particulaire. Ainsi, la masse *m* (induite par la rotation des hémisphères) ne sera pas perturbée, sinon très peu.

12. Il sera dès lors possible d'atteindre des vitesses colossales qu'un corps physique, de chair et de sang, ne pourrait pas normalement supporter en tant que pression.

13. Une pression quasi infinie peut être exercée sur la sphère, et la masse m ne s'en verra que peu changée.

14. À la base, tout part de cette birotation que vos chercheurs tardent à découvrir…

15. Et ce, simplement parce que vous mesurez et calculez avec des instruments de « dinosaures » qui « écrasent » tout sur leur passage !

16. Vous avez accès à la technologie laser. Pourquoi alors ne pas vous en servir dans vos instruments de mesure afin de ne pas affecter la birotation de ces hémisphères, et permettre sa validation ?

VII

Particule Dieu

1. Vos corps sont formés d'organes eux-mêmes formés de molécules, lesquelles sont formées d'atomes formés de particules...

2. Comment croyez-vous que votre corps fonctionnerait s'il n'avait pas de conscience particulaire ?

3. La base est la particule.

4. Une molécule n'a pas de cerveau. Cela ne veut pas dire qu'elle n'a pas de conscience, vu qu'elle est l'amalgame de toutes ces particules qui regroupent la conscience collective : Dieu.

5. Cette conscience (Dieu) fait partie de toute structure.

6. Sans conscience, comment une molécule connaîtrait-elle son rôle et son devoir (la tâche qu'elle doit accomplir) au sein de l'organisme ?

7. Comment toutes les sphères microorganiques s'organiseraient-elles (et quelle organisation !) sans chef d'orchestre ?

8. Il n'y a pas de mystère ou de magie. Chaque être, chaque molécule, chaque particule a une conscience interne.

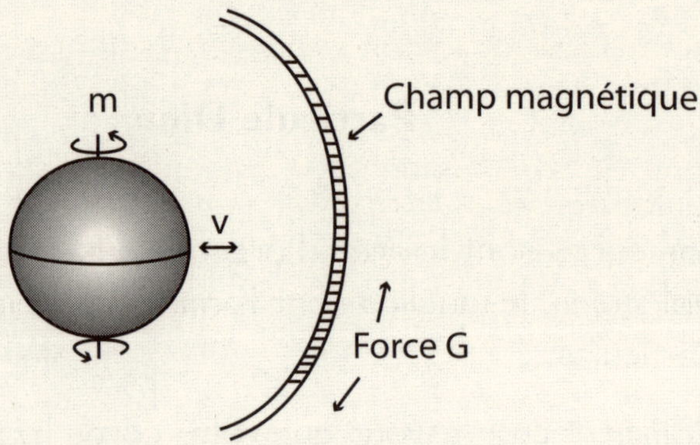

9. Je rappelle que conscience ne veut pas dire mental, capacité à raisonner, mais juste capacité à concevoir son existence, si grégaire soit-elle.

10. En partant de cette base de conscience intraparticulaire, au cœur de la particule, nous arrivons au schéma déjà transmis.

11. Les six dimensions intrinsèques de chaque particule lui permettent de communiquer avec son environnement proche ou lointain, avec le Tout : Dieu.

12. Partant de ce principe, Dieu (je sais que vous n'aimez pas ce terme quand il est question de science, mais il faudra vous y faire) est omniscience et omniscient.

13. Que ce soit en chacun de nous, dans notre environnement, dans le monde… et qu'il soit microscopique ou macroscopique, Dieu (l'intelligence créatrice) est présent en chaque particule.

14. Il n'y a point de mystère. C'est ainsi, simplement.
15. Tout est relié et en communication permanente.
16. Rien ne peut réellement être dissocié.
17. Sur cette base, le respect pour la création peut enfin prendre toute son envergure dans vos consciences.

VIII

Facteur pesanteur

1. La pesanteur est une force qu'il faudra transposer en vecteurs dans vos calculs sur les birotations hémisphériques, afin de prendre conscience de toute sa dynamique.

2. La pesanteur varie en fonction de la qualité énergétique de la structure de la matière.

3. Qualité énergétique signifie qualité vibratoire.

4. Qui dit qualité vibratoire dit fréquences et rotations, donc rotations bihémisphériques.

5. C'est à cela que s'attèle notre tâche, soit à rendre les matériaux le moins denses possible en augmentant leur qualité vibratoire et leur conscience.

6. Ce qui signifie scientifiquement que plus la conscience est présente en importance dans la matière, plus la qualité vibratoire est alors présente, plus les birotations diminuent et moins la masse se fait sentir.

7. Ainsi, le facteur *g* chute également.

8. La birotation hémisphérique dépend de beaucoup de choses, entre autres de la conscience appliquée à chaque utilisation.

9. La conscience est et sera toujours le mot clé pour avancer dans la science de la matière.

10. Isoler la pesanteur est simple. Vous n'avez qu'à utiliser un puissant champ magnétique circulairement à la structure que vous voulez isoler. Ce champ isolera magnétiquement toute masse incluse dans la structure.

11. Les lévitations des aéronefs dépendent de l'intensité du champ magnétique insufflé aux structures.

12. Vous pouvez isoler des structures de la pesanteur et annihiler leur facteur vectoriel dans vos calculs.

13. Il suffit de croire pour que tout se réalise. La direction de la pensée ne dépend pas seulement de l'intelligence, mais de la capacité à se concentrer et à s'ancrer à la Terre, à son magnétisme.

IX

Déplacement sans gravitation (annihilation de la force G)

1. Comment le lien entre la gravité et l'électromagnétisme a-t-il pu vous échapper ?

2. Comme il a été dit précédemment, en isolant une structure par un puissant champ magnétique vous pouvez couper cette structure du champ gravitationnel de la Terre, annihiler la pesanteur.

3. Ce puissant champ magnétique va alors changer, et la fréquence rotative et la direction des deux hémisphères des particules présentes dans ce champ permettront ainsi de « repousser » les particules externes à la structure isolée.

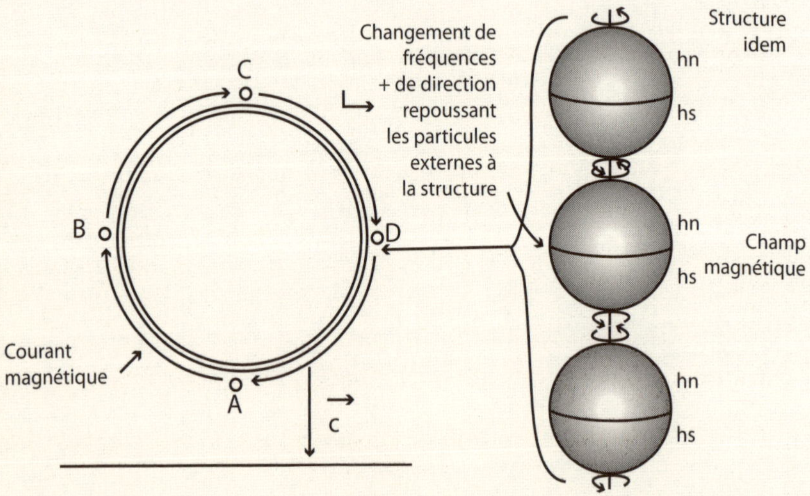

4. Les particules savent se « reconnaître » grâce à deux paramètres :

   leurs birotations hémisphériques,

   leur conscience particulaire.

   Ce qui signifie que cet état de conscience « grégaire » fait qu'un hémisphère attire ou repousse un autre hémisphère en fonction de sa rotation.

5. Le puissant champ magnétique qui circule de part en part des points A, B, C et D permet aux particules dans ce champ de changer leurs rotations et vibrations, repoussant celles qui sont liées au facteur g de la gravitation.

6. Conséquence : la structure n'est plus clouée au sol à cause de la force G, mais flotte.

7. Il est ainsi plus aisé de se déplacer sans moyen de propulsion puissant, ce qui entraîne une économie d'énergie.

8. En coupant en alternance le champ magnétique circulaire à la surface de l'aéronef, on peut aisément inverser des polarités particulières en agissant sur les deux hémisphères.

9. Pour être propulsé vers l'avant, il suffit de couper la circulation du point C tout en maintenant une tension magnétique au point A, qui se verra propulsé de l'avant vers le point C (l'attraction de la gravité et, par conséquent, le facteur g s'étant rétablis ponctuellement au point C).

10. Une multitude de points peuvent intervenir entre les points A et B, par exemple A', A'', A…

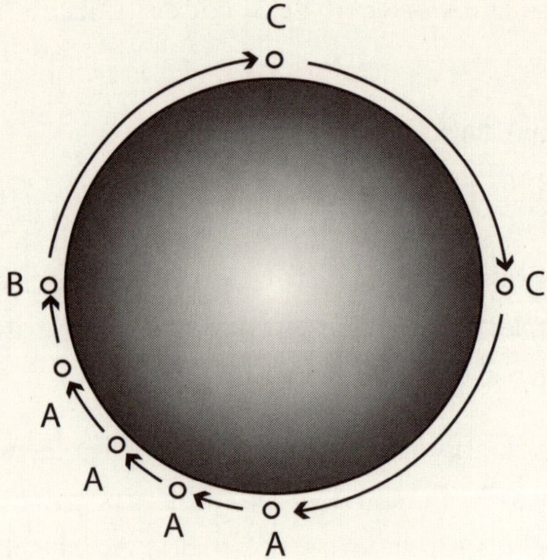

11. Le simple fait de couper le champ magnétique à l'un de ces points permettrait à l'aéronef de changer immédiatement de direction de façon très fluide.

12. Le champ magnétique de la Terre est le vecteur numéro un pour comprendre la puissance de la gravité et de la pesanteur.

13. Ces deux champs sont étroitement liés.

14. Les structures internes des particules (birotations, vibrations, dimensions intrinsèques) sont des facteurs que l'on peut modeler et utiliser pour de nombreuses interventions.

15. Faut-il encore les découvrir et en prendre conscience.

16. À votre échelle individuelle, vous pouvez déjà les utiliser en modelant les différentes fréquences que votre cerveau émet.

17. Votre système nerveux et votre magnétisme font le reste.

X

Lumière, matière, Dieu

1. La matière est lumière et la lumière est conscience.
2. Par conséquent, l'une ne va pas sans l'autre.
3. On peut TOUT créer par de la lumière.
4. Seul son champ vibratoire change. C'est cela qui lui procure toutes ces capacités malléables.
5. Seule la lumière a cette propriété.
6. La lumière est le corps de Dieu.
7. Sans Dieu, nous n'avons aucune action sur elle, sur sa structure.
8. Ne pas croire en Dieu (cette force de lumière immuable), c'est comme ne pas croire en la matière.
   Pourtant elle est là, sous vos yeux. Tout comme Dieu.
9. Ce mot vous effraie, car il est inaudible à vos oreilles.
10. Dieu est un son qui se propage dans tout l'univers.
11. C'est « lui » (cette force) qui modèle à son gré la matière, créant ou annihilant celle-ci comme « bon lui semble ».
12. Certaines choses vous dépassent. Mieux vaut ne pas trop chercher à imiter le Tout-Puissant, car seul Dieu est.

Le reste n'existe pas. Vous n'existez pas, nous n'existons pas.

13. Nous ne faisons que reproduire les schémas et les fréquences qu'il nous est permis de percevoir.

14. La pensée est lumière et la lumière est matière. La matière est Dieu et conscience.

15. Toute particule peut être activée ou désactivée par la seule volonté.
Elle est malléable à son gré, car la pensée est une force électromagnétique à gravitation (psychogravité).

16. « Elle attire à elle tout ce vers quoi elle tend. »
Maîtrisez vos pensées, car elles construisent votre univers

XI

Le photon

1. Le photon est le corps de Dieu.

2. Il est sa conscience et son vecteur parmi nous.

3. Le photon n'a pas besoin de noyau comme les autres particules.

4. Le photon est semblable à une goutte d'eau. Tantôt cette dernière peut être séparée à l'état de goutte, tantôt elle peut être apparentée à des vagues.

5. Le photon est le corps de Dieu.
   Le photon est conscience. C'est lui qui « butine » de particule en particule pour déposer cette conscience en toutes choses.

6. C'est ainsi que Dieu est omniprésent EN CHAQUE PARTICULE.

7. Le photon est la plus belle invention et le plus beau cadeau de Dieu à nous, ses êtres, car il nous permet d'utiliser son essence, son corps pour nos technologies, pour nous déplacer, pour voyager, penser, appréhender et communiquer.

8. TOUT PASSE ET SE FAIT PAR DIEU.

   En l'occurrence pour son vecteur de lumière : le photon.

9. Toute chose existante est lumière, car toute chose existante est composée de particules et chaque particule ne pourrait exister sans lumière, sans Dieu.

10. La constitution d'une particule se fait à la base de son cœur qui, une fois activé, génère une microgravité qui constitue la troisième dimension (nous parlons toujours de *dimensions* intrinsèques à la particule).

11. Une fois cette microgravité installée, elle attire tel un aimant les photons « chargés » avoisinants, qui viennent petit à petit combler les deux hémisphères de la particule, lui procurant ainsi, une masse, une identité et une conscience.

12. Tout passe par la lumière, par Dieu.

13. Sans cette compréhension, plusieurs d'entre vous resteront dans les ténèbres et passeront à côté d'un potentiel quasi infini, car Dieu est INFINI.

14. Il nous accorde beaucoup de ce droit d'infinité.
Seul lui décide.

15. Ne passez pas à côté de ce magnifique potentiel.
Chacun de vous peut l'utiliser.

16. Nous sommes constitués de particules, donc de Dieu.

XII

État avant la mesure

1. En physique quantique, un état peut être bien défini avant la mesure.

2. Mais le fait d'interagir avec cet état, d'y ajouter un autre élément (appareil de mesure), change spontanément la donne.

3. Chaque atome, chaque structure émet de la lumière, et comme vous l'avez appris déjà, la lumière change l'état de la matière, car la matière est faite de lumière.

4. Chaque source, lumineuse ou non, change l'état des particules avoisinantes.

5. Sans mesure, l'état ne change pas si les particules sont isolées de tout rayonnement (sans observateur).

6. Dès qu'il y a intrusion, l'ordre particulaire change instantanément.

7. Il change pour vous de façon aléatoire, selon vos observations.

8. Mais pas du tout en réalité.

9. Des données vous manquent sur les différentes particules et le rayonnement photonique, sur la polarité des photons et les chargements hémisphériques des particules.

10. Avec tous ces paramètres, la mécanique quantique n'est plus du tout aléatoire. Elle devient au contraire un mécanisme de très grande précision.

11. Apprenez à observer la lumière.

12. Apprenez à concevoir que le corps de Dieu, son essence, est imprégné en chaque être et chaque particule.

13. Tout est fait de lumière.

14. Rien ne peut exister sans lumière, sans Dieu.

15. Apprenez à concevoir que cette immensité est à portée de main.

16. Sachez observer, analyser et comprendre cette immensité, car elle vous compose.

17. Dieu vous compose.

18. C'est « Lui » qui modèle tout dans le monde *(l'univers)*.

19. La lumière, les photons ont une singularité étonnante qu'aucune autre particule ne peut égaler.

20. Ils n'ont pas de noyau.
    Et ils n'ont qu'une seule rotation.

21. Ils permettent de combler les hémisphères des autres particules et ainsi de déposer des informations précieuses qui unifient tout au Tout.

22. Soyez humbles devant l'immensité de la création.

XIII

Activation des particules

1. Le potentiel de vie est partout dans l'univers.
2. Il suffit d'appliquer une source magnétique au vide additionné d'une source lumineuse pour y voir émerger la matière.
3. Tout se crée à partir de Dieu, de l'énergie créatrice, de la lumière.
4. Pour que l'étincelle des rotations hémisphériques apparaisse, il faut un yang et un yin, un père et une mère, une charge magnétique et une source lumineuse.
5. Tout peut être créé à n'importe quel instant et dans n'importe quel lieu.
6. Une fois le cœur du vide activé, soit le cœur des particules, la lumière créera.
7. Les différentes fréquences que peut prendre « la lumière », ses différents états, permettent de créer toutes choses dans le cosmos.
8. La fréquence donne le ton.
9. La rotation donne l'impulsion.
10. Des rotations identiques se couplant viennent combler des brèches en emplissant les hémisphères de particules.

11. Les photons neutres viennent extraire les informations des banques de données des hémisphères afin de poursuivre leur route et de se décharger sur d'autres hémisphères particulaires.

12. Tout, dans le macrocosme, est en communication permanente grâce au microcosme.

13. Nous ne pouvons survivre sans cela.

14. Isolez-vous de tout champ magnétique terrestre et de toute source lumineuse en provenance de l'espace, et vous verrez vos propres cellules se désorienter petit à petit.

15. Ce double contact (magnétisme et lumière) est primordial pour la Vie, pour la création de la vie.

16. Les différentes fréquences feront ensuite le reste pour construire la structure particulaire et accorder tous les paramètres nécessaires à la survie, à la création des différentes particules.

XIV

L'eau

1. L'eau est particulière dans son influence de chaque particule.
2. Ainsi, la cinquième dimension de la particule peut accueillir en son sein un gel (issu de l'influence de l'eau) qui l'emplit et lui permet d'adhérer de façon particulière aux autres particules.
3. La cinquième dimension est immersible.
4. Quand l'eau est présente dans cette dimension, l'émotionnel l'est aussi.
5. L'eau est égale à l'émotionnel.
6. C'est l'émotionnel qui lie les atomes en molécules.
7. Un assemblage de particules sans ce gel, sans émotionnel, équivaut à un assemblage de briques. C'est un matériau.
8. Un assemblage de particules avec immersion de la cinquième dimension par ce gel lie les particules émotionnellement. Ainsi, l'assemblage forme une molécule « émotive ».
9. Un assemblage de molécules forme de façon cohérente les corps qui vous composent.
10. C'est par l'émotionnel qui lie chaque particule entre elles que « le secret » de la Vie peut opérer.

11. Si le photon est l'étincelle de toute vie, l'eau est le véhicule des émotions.

12. C'est par l'eau que sont véhiculées et stockées les émotions.

13. Tout comme le photon a la capacité de transporter une charge d'informations lumineuses de particule en particule, la molécule d'eau a la capacité de véhiculer une charge émotionnelle.

14. L'eau a la particularité d'être conductrice et d'établir le lien entre les différentes charges.

15. Par leur structure en six dimensions, les particules ont le potentiel d'accueillir les informations énergétiques transmises par l'eau. C'est sur le plan de leur cinquième dimension, qui est l'enveloppe de protection de la particule, que les informations de cette nature peuvent être intégrées.

16. Quelle est la différence entre un mur et vous ? Tous les deux, vous êtes constitués de particules et d'atomes.

17. La différence vient toutefois du fait que les molécules d'eau ont une tout autre structure dans votre corps que dans un mur.

18. Dans une structure inerte, les atomes sont assemblés telles des pièces de Lego. Dans une structure vivante, leurs assemblages sont influencés par les molécules d'eau, permettant ainsi une forme particulière de communication entre particules, atomes et molécules.

19. Tout cela pour rappeler l'importance de la structure de l'eau à véhiculer des informations d'ordre émotionnel à son environnement.

20. Toutes les molécules d'eau ne se ressemblent pas ! Ou alors oui, elles se ressemblent sur un plan purement chimique, mais sur un plan énergétique, plus subtil, les informations que les molécules « communiquent » leur permettent de s'ordonner d'une certaine façon.

21. Tous les groupes de molécules d'eau ne se valent pas.

22. Ils véhiculent tous des informations différentes et des degrés émotionnels différents.

23. Et par leur cinquième dimension, les particules ont accès à ces informations, ou les captent. C'est par ce gel qu'il y a alors intrication quantique.

24. On peut rendre émotives, de façon nanométrique, des structures dites inertes, c'est-à-dire qui répondent aux émotions, en y incorporant la vibration de l'eau (le gel) dans la cinquième dimension de leurs particules.

25. Par ce procédé, chaque structure peut communiquer avec l'émotionnel qui l'environne.

26. Par exemple, on peut diriger son véhicule ou son ordinateur par ses émotions.

27. Il est important d'apprendre à gérer et nettoyer son émotionnel.

28. L'eau est source de Vie au niveau macroscopique.

29. L'eau est également source de Vie à l'échelle microscopique.

30. Rien ne peut être régi de façon intelligente sans cette compréhension.

31. L'eau est émotionnelle.

32. L'eau a la capacité de se figer et de figer l'émotionnel avec lequel elle a été en contact.

33. L'eau a une mémoire.

34. Votre mémoire cellulaire est composée d'eau : d'émotions.

35. Ce sont les émotions qui fixent la mémoire.

36. Sans les émotions, pas de mémoire présente dans les cellules.

37. L'eau est primordiale dans votre corps.

38. Elle permet le reliement psychique et physique de chaque être et chaque intelligence émotive.

39. Travailler avec l'eau de votre corps permet de travailler avec l'ensemble de vos cellules.

40. L'eau incorporée dans votre corps a besoin d'une vibration particulière pour être harmonisée.

41. Sachez parler à l'eau.

42. Vous pouvez programmer l'eau.

43. Vous êtes à même d'imprimer une mémoire émotive dans l'eau qui viendra s'intriquer automatiquement dans le reste de votre corps.

44. Prendre conscience de cela sera la première de vos guérisons.

CHAPITRE 3

La matière
Interprétation scientifique de la structure particulaire

La masse des particules

En physique des particules, la masse est l'un des premiers problèmes rencontrés.

Dans certaines circonstances, nos chercheurs ne savent pas encore expliquer comment une particule peut prendre ou perdre de la masse.

Beaucoup de spéculations naissent de ce problème. Une des solutions a été de spéculer sur les particules hypothétiques (les bosons de Higgs) qui viendraient alourdir les particules standard dans certaines interactions. Par exemple, si une personne devait se rendre d'un point à un autre en passant par une foule qui la ralentirait, cette personne devrait donc fournir plus d'énergie pour se mouvoir jusqu'à son point d'arrivée. Les hypothétiques bosons de Higgs représentent cette foule !

Le CERN [Conseil européen pour la recherche nucléaire, ou son nom officiel actuel : l'Organisation européenne pour la recherche nucléaire] a développé le collisionneur de hadrons le plus puissant au monde pour arriver à débusquer les bosons de Higgs, et en arriver à comprendre les mécanismes de création de la masse.

Et si la masse n'était qu'illusion ?

Et si la masse de toute particule n'existait pas ?

Si c'était seulement le facteur rotatif qui déterminait la masse ?

En se fondant sur l'hypothèse que nous n'ayons pas encore découvert et perçu que les particules seraient composées en réalité de deux hémisphères (nord et sud) en rotations permanentes et de sens inverse, mais aussi dotés d'une oscillation horizontale extrêmement rapide comparable à une sorte de vibration imperceptible.

Cela pourrait donner le tournis rien qu'en imaginant la particule de cette façon.

Mais on pourrait comparer la particule à notre Terre, avec ses rotations hémisphériques en sens inverse (force de Coriolis) et son déplacement sur un axe.

La matière

Jusqu'à présent, la matière nous est présentée sous forme de petites briques (atomes) qui sont en fait de véritables micro-univers, avec les électrons qui gravitent autour de leur noyau de neutrons et de protons, et à l'intérieur de ces protons nous avons trouvé du quark.

Au-delà, les technologies actuelles ont des limites et nous ne pouvons pas toujours aller voir à l'intérieur de ces « poupées russes » ce qui se passe réellement au cœur de l'infiniment petit.

À l'heure actuelle, nous ne pouvons expliquer pourquoi deux atomes en interaction ne se pénètrent pas jusqu'au noyau puisqu'ils sont essentiellement constitués de vide. Rien ne nous permet de comprendre pourquoi.

Au vu des paradoxes rencontrés en physique quantique, il est certain que des données nous manquent sur la constitution des particules.

Sur un modèle tout aussi élégant que la théorie des cordes, cette nouvelle théorie pourrait servir de fil conducteur à de nombreux chercheurs.

En se basant sur le fait qu'**une particule est constituée de deux hémisphères en birotations permanentes.**

L'unité de la matière, la particule, serait composée de deux hémisphères : un hémisphère nord et un hémisphère sud, tous deux comparables à ceux de notre Terre.

Ces deux hémisphères seraient en rotations inverses.

La masse de la particule n'est pas préétablie comme on pourrait le supposer, mais c'est cette birotation hémisphérique qui déterminerait « la masse » que prendrait chaque particule, ainsi que sa charge.

Plus la rotation est importante, plus la masse diminue ou augmente, car la pression exercée sur la particule est accentuée ou diminuée (effet centripète ou centrifuge).

Il y aurait une différence fondamentale entre les groupes de particules (fermions-leptons-bosons), en fonction de leurs birotations dans le sens horaire ou antihoraire.

En résumant de manière succincte, disons que les fermions sont les particules qui constituent la matière et que les bosons sont les particules qui véhiculent les interactions.

La rotation des deux hémisphères serait aussi déterminante pour la charge des particules.

Une particule neutre aurait une rotation équivalente aux deux hémisphères.

Une particule chargée positivement aurait une rotation de l'hémisphère nord plus rapide.

Une particule chargée négativement aurait une rotation de l'hémisphère sud plus rapide.

Une particule dite « sans masse » aurait une birotation extrêmement rapide et en sens antihoraire.

Différences de rotations particulaires

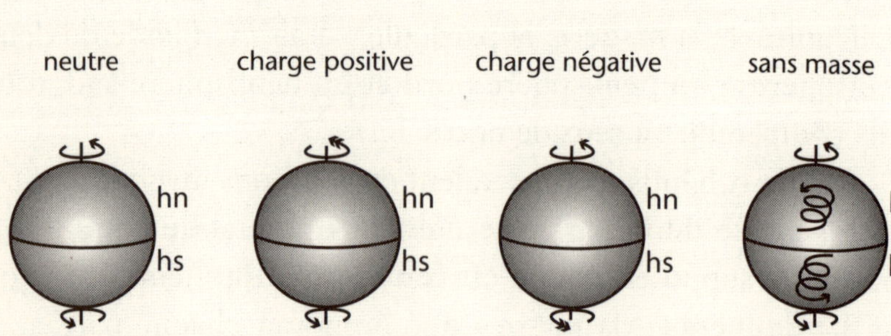

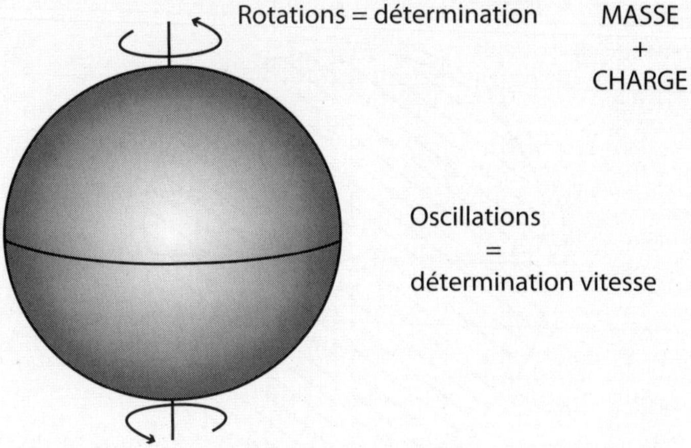

En plus d'une birotation hémisphérique, la particule serait dotée d'une forme de vibration déterminant cette fois sa vitesse.

À l'intérieur de ce complexe « mécanisme » particulaire se logent six dimensions intrinsèques.

Six dimensions intrinsèques

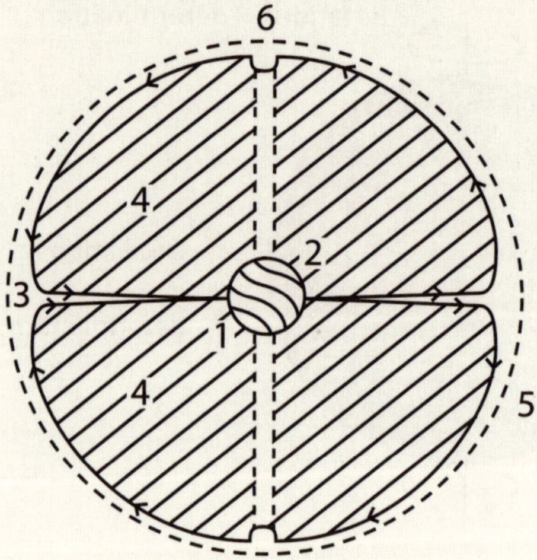

Dimension 1 : le cœur. C'est le noyau magnétique au centre de la particule. Il donne « le tempo » et la vibration à la particule.

Dimension 2 : le lien au Tout. Cette dimension se trouve enroulée sur la première, celle du cœur.

Une forme d'intrication permanente et interne à chaque particule. Une sorte de « porte », de dimension pulsar qui émettrait et recevrait en continu des informations sur l'uniformité de toutes les particules existantes dans l'univers.

Dimension 3 : le lien environnemental. Décrit un 8 en périphérie de la particule, en passant par le cœur. Comme son nom l'indique, c'est le lien avec l'environnement de la particule, ce qui permet une forme de communication rapprochée.

Dimension 4 : les hémisphères. C'est en quelque sorte la base de données de la particule, « son ADN ».

Dimension 5 : l'enveloppe. C'est la porte d'accès à la quatrième dimension. Elle se trouve à la périphérie des deux hémisphères et elle est en corrélation avec la troisième dimension. C'est grâce à cette porte qu'on peut accéder aux informations de la quatrième dimension pour les modifier. C'est une sorte « d'atmosphère », de protection.

Dimension 6 : la désactivation. Cette dimension traverse la particule jusqu'au cœur et permet la désactivation magnétique du cœur, de la première dimension.

Notez que cette structure particulaire ressemble étrangement à un cerveau humain et à notre Terre.

L'analogie entre le microcosme et le macrocosme est encore une fois confirmée.

Comparaison des trois similarités : Terre / particule / cerveau

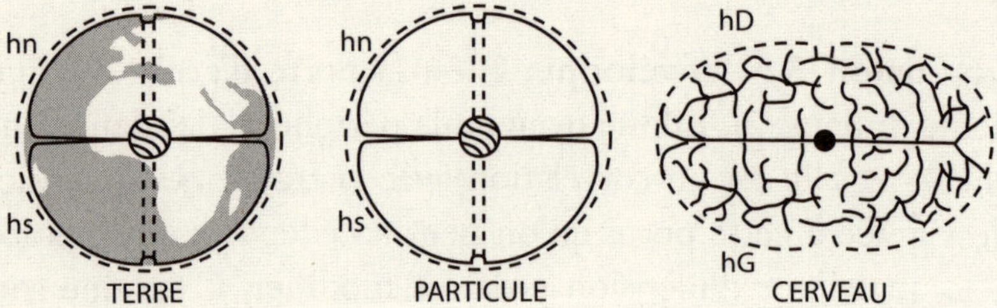

Un centre magnétique : le noyau terrestre, le noyau particulaire (« le cœur »), l'épiphyse.

Deux hémisphères : nord/sud ou gauche/droite.

Des birotations hémisphériques :

- les rotations de la Terre sont magnétiques : force de Coriolis.
- les rotations des bihémisphères de la particule le sont également par la première dimension, « le cœur » magnétique.
- trouver les birotations du cerveau… direction électrique ?

Une force gravitationnelle :

- la pesanteur, la gravité terrestre.
- la microgravité particulaire, qui tient les noyaux éloignés les uns des autres.
- la psychogravité, qui permet aux ondes de chaque cerveau d'attirer à elles, par la pensée, ce vers quoi elles tendent. La pensée a une réelle force de gravité (la preuve par l'effet de synchronicité).

Une cinquième dimension qui isole la structure : atmosphère, cinquième dimension, boîte crânienne.

Une sixième dimension : Donne accès à la structure interne (le noyau) : pôles N/S, passage sixième dimension, conduit auditif.

En se basant sur cette théorie, plus besoin des bosons de Higgs pour obtenir une masse et on apporte une relation entre l'interaction forte et l'interaction faible qui semblaient jusqu'à présent si différente et sans corrélation.

L'**interaction faible** ou **force faible** est l'une des quatre interactions fondamentales de la nature, les trois autres étant les interactions électromagnétique, forte, et gravitationnelle. L'interaction faible est responsable de la radioactivité β. Elle est portée par les bosons W (W^+ et W^-) et Z (Z^0).

L'interaction faible est décrite comme «permettant à tous les leptons et les quarks d'échanger de l'énergie, de la masse et de la charge, ce qui leur donne la possibilité de changer de famille et de saveur».

Avec un champ 10^9 fois plus faible que celui de l'interaction forte (10^{18} m), son influence est limitée au noyau atomique. Cette courte portée s'explique par la grande masse des particules vecteurs de l'interaction faible (environ 90GeV).

L'**interaction forte** ou **force forte** (appelée parfois **force de couleur**), avec l'interaction électrostatique et l'interaction faible, parfait le modèle standard.

Seuls les quarks et les antiquarks sont affectés par cette force forte qui est portée par des bosons appelés gluons (comme la force électromagnétique est portée par les photons). Cette force forte maintient les quarks ensemble pour former les baryons, tels les protons ou les neutrons, ainsi que les mésons, tels les pions ou les kaons. Tous les ensembles de quarks sont nommés hadrons.

Un effet dérivé de la force forte est responsable de la cohésion des nucléons (protons et neutrons) au sein du noyau de l'atome. Un autre effet dérivé est la cohésion même du noyau atomique.

Comme son nom l'indique clairement, l'interaction faible est beaucoup plus faible que l'interaction forte. Ainsi, il est plus aisé de séparer les protons des neutrons à l'intérieur d'un noyau, que de séparer des quarks à l'intérieur des protons ou des mésons. On a besoin d'énormément d'énergie pour séparer les quarks ! C'est à cela que s'attellent les grands collisionneurs.

L'interaction forte peut être décrite par les birotations hémisphériques centripètes qui exercent une pression sur leur centre.

Ainsi, plus on essaye d'éloigner les quarks, plus leur masse (donc leurs énergies) augmente, système d'élastique, interaction forte.

Les leptons, quant à eux, ont également une birotation hémisphérique centripète, mais comme la vitesse rotative de leur hémisphère nord est différente de celle de leur hémisphère sud, il est plus aisé de les séparer, car l'équilibre des rotations n'est pas parfaitement stable.

Quant aux bosons, ils ont une birotation hémisphérique centrifuge, soit une même vitesse entre les hémisphères nord et sud, ce qui n'impliquerait aucune masse, soit une vitesse différente entre leurs deux hémisphères, ce qui impliquerait une masse (bosons W et Z).

Différence entre familles de particules

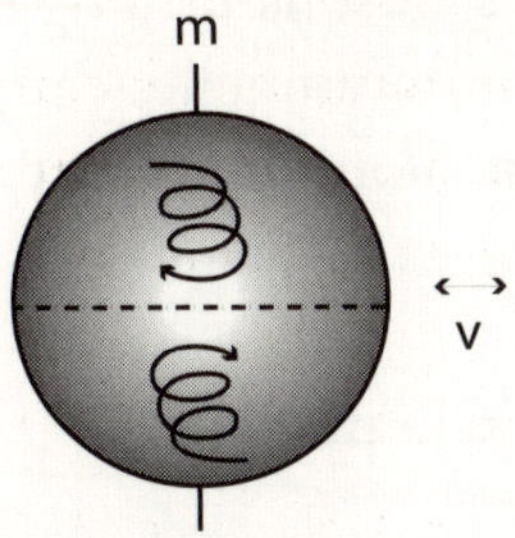

Effet centripète

Les fermions et les leptons

Plus ils tournent vite, plus ils sont massifs.

Fermions : birotation hémisphérique égale.

Leptons : birotation hémisphérique différente.

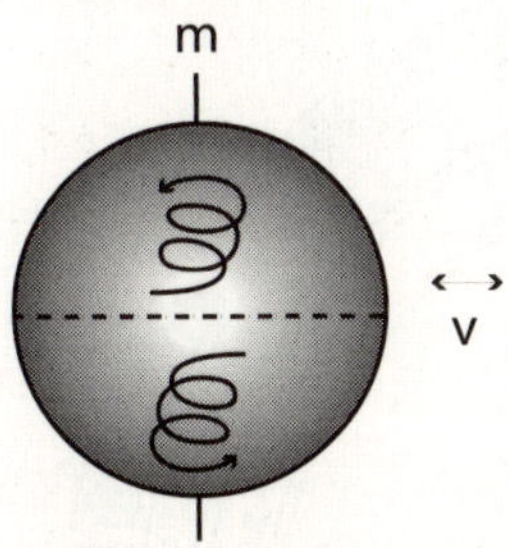

Effet centrifuge

Les bosons

Plus ils tournent vite, plus ils sont légers.

Gluons : birotation hémisphérique égale.

W et Z : birotation hémisphérique différente.

Les bosons et les fermions seraient ainsi réciproquement leurs antiparticules.

En rencontrant leur double exact, mais avec une rotation bihémisphérique opposée, ils s'annihilent.

Beaucoup de questions et de problèmes en physique (quantique ou astrophysique) sont liés à la masse des particules.

Comme la diminution ou l'augmentation de masse (recherche des bosons de Higgs) ou encore la masse manquante de l'univers (plus de 90 %).

En fait, l'augmentation de la masse (en acceptant le principe birotatif et hémisphérique des particules) ne serait pas due à une charge supplémentaire (comme les bosons de Higgs), mais à une augmentation de la vitesse birotationnelle, ce qui amplifierait le facteur m et, par conséquent, alourdirait la particule.

C'est toute la différence et **l'illusion de la masse**.

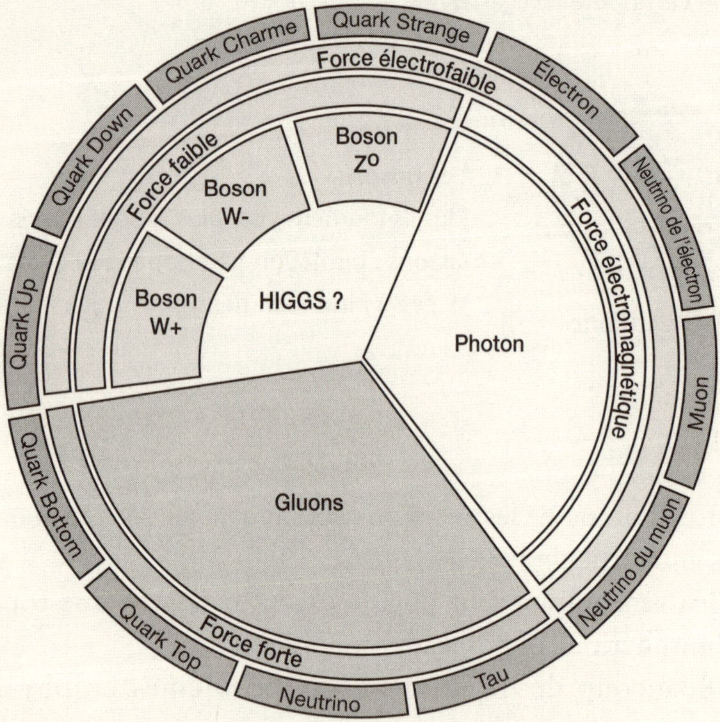

Voici illustrées les 12 particules de matière (cases externes du disque) et les 5 particules véhiculant les 3 forces fondamentales (cases intérieures). L'existence du boson de Higgs demeure encore théorique. Le tout constitue le modèle standard de la physique quantique.

– Source : Science et Vie, octobre 2011, p. 73

De ce fait, l'équation pour les fermions et les leptons pourrait être :

$$m=\frac{V_{hn} + V_{hs}}{\sqrt{c}}$$

Et pour les bosons :

$$m=\frac{V_{hn} - V_{hs}}{\sqrt{c}}$$

Avec : m la masse en MeV

V_{hn} : La vitesse rotative de l'hémisphère nord (nanoseconde)
V_{hs} : La vitesse rotative de l'hémisphère sud (nanoseconde)
c : La vitesse de la lumière

Exemples :
Pour une particule à 1000 t/ns :
(Type Fermions)

$$m=\frac{1000 + 1000}{547,72}$$

$$m \simeq 3,651 \text{ MeV (Quark ?)}$$

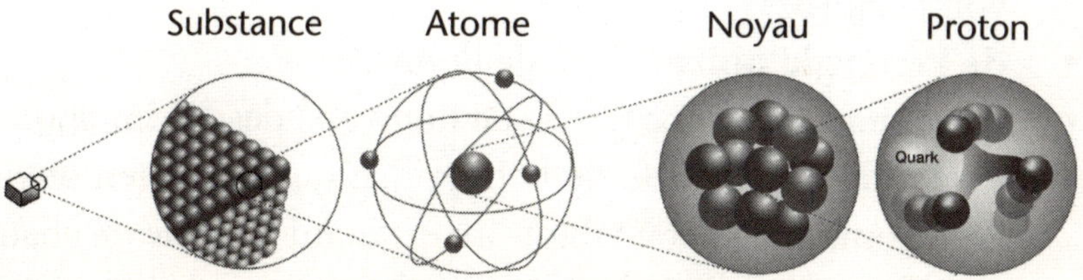

Pour une particule à 30000 t/ns :
(Type Leptons)

$$m = \frac{30000 + 30000}{547,72}$$

$$m \simeq 109,545 \text{ Mev (Muon ?)}$$

Pour une particule à 20000 t/ns :
(Type Gluons)

$$m = \frac{20000 - 20000}{547,72}$$

$$m = 0$$

Particule sans masse

Il pourrait également y avoir des corrélations avec la compréhension :

- **de la supersymétrie** (annihilations des différences de rotations entre fermions et bosons);
- **de la fusion froide** (par l'explication d'un changement de fréquences, donc de rotations permettant cette fusion);
- **de l'axion** (qui serait une fréquence particulière que pourrait prendre le photon en présence d'un champ électromagnétique);
- **de la force G** de la pesanteur (dès que l'oscillation de la particule liée au facteur v est perturbée par une impulsion extérieure [accroissement de la vitesse], le facteur m s'en voit perturbé);
- **de l'énergie noire** (73 % de l'univers);
- **de la matière noire** (23 % de l'univers) des Wrimps;
- **de l'indéterminisme** de la physique quantique (en se rendant compte de l'état vibratoire et rotatif instable de chaque particule. La prise de mesure altérerait instantanément

l'ordre fragile. La mesure forcerait à stabiliser le système en choisissant une position déterministe) ;

- **de l'excentricité des noyaux exotiques ;**
- **de l'expansion de la Terre** (accroissement de 18 à 22mm/année !) ;
- **du rétrécissement de la Lune** (lié notamment à l'expansion de la Terre) ;
- **des théories holographiques** ! Un hologramme n'ayant pas de masse…

Ainsi, la masse de toute particule serait seulement induite par le facteur rotatif des bihémisphères.

- La masse nous semble logique.
- La masse est déterministe a priori.
- Plus il y a d'éléments, plus la masse augmente… en théorie.

En fait, on peut rayer les trois précédents alinéas, car **la masse n'existe pas** !

Seul le facteur rotatif induit une masse. C'est en agissant sur ce facteur que nous pouvons changer la masse de toute chose sans modifier sa composition interne de base.

Dans le passé, la densité nous semblait évidente. En réalité, il en est tout autrement. En étudiant l'infiniment petit, nous nous sommes aperçus que la matière, si dense soit-elle, n'est en fait constituée que de vide.

Soit 99,9 % de vide pour 0,1 % de matière.

Seule la rotation des électrons autour de leur noyau donnait cette illusion de densité.

Tout n'était qu'énergie et rotations.

Il est temps désormais de franchir un second palier en laissant « tomber » notre notion de masse.

La masse de toute particule n'est pas déterministe, mais malléable. C'est grâce à ces birotations hémisphériques que l'on peut changer la masse de la particule en agissant sur ses vitesses rotatives.

Une question que les chercheurs quantiques se posaient était : comment une particule positive se reconnaît-elle d'une particule négative sans rien émettre pour se différencier ?

Tout simplement par les birotations hémisphériques, qui induisent non seulement la notion de masse, mais également celle de la charge. Les particules n'ont nul besoin d'émettre quoi que ce soit pour s'identifier. Par leurs mouvements, les hémisphères s'attirent ou se repoussent naturellement.

Les birotations hémisphériques induisent également une microgravité par le mouvement des hémisphères autour du noyau magnétique, « le cœur » (première et deuxième dimensions).

C'est cette microgravité qui tient à distance les noyaux des atomes entre eux, comme les astres sont tenus à distance les uns des autres, chacun voguant sur sa trajectoire.

Cette microgravitation particulaire répond à la question « comment se fait-il que deux atomes en interaction ne se pénètrent pas jusqu'aux noyaux ? ».

Ce concept particulier des structures internes des particules nous permet d'appréhender différemment la matière tout en étant cohérents et en répondant à certains problèmes fondamentaux.

La deuxième partie de cette théorie explique la création d'une particule, l'énergie du vide et le rôle fondamental du photon.

La première phrase du premier verset de l'Avaël m'a beaucoup interpellée :

Pléiades, Avaël, chapitre I,1 : « Tout ce qui est dans ce monde n'est que de la lumière manifestée. »

D'un point de vue ésotérique ou philosophique, cette phrase est facilement interprétable et concevable. D'un point de vue scientifique, cette phrase l'est beaucoup moins…

La deuxième partie sur la matière va expliquer pourquoi et comment la matière est faite de lumière.

CHAPITRE 4

La création d'une particule L'énergie du vide

Le photon

En recoupant toutes les données perçues sous le nom de L'Avaël Pléiades sur la matière et surtout en essayant d'être le plus clair possible…

… voici la théorie de la création d'une particule et de l'énergie du vide, qui fait suite aux informations sur la bihémisphérie des particules et des six dimensions intrinsèques.

À la base, nous pensions que l'univers qui nous entoure était constitué de vide.

Puis, grâce à l'effet Casimir, nous avons pu démontrer que l'univers était tout, sauf vide.

D'ailleurs, si le vide a une impédance, c'est-à-dire une résistance électrique en physique, comment « quelque chose » de vide peut-il offrir une résistance ? Cela demeure toujours un des mystères de la physique.

En résumé, l'effet Casimir, théorisé par Hendrik Casimir dès 1948 et confirmé en 1997, démontre qu'en disposant deux plaques métalliques très proches l'une de l'autre, la pression exercée par les particules virtuelles du vide se traduit par une force infinitésimale qui attire les deux plaques l'une vers l'autre.

Ainsi, l'énergie du vide peut s'exercer sur les plaques. Par conséquent, le vide n'est pas « vide », mais possède une énergie.

Les nouvelles informations perçues permettent de mieux comprendre le mécanisme de création des particules.

Suivant ce schéma, une particule est composée de six dimensions intrinsèques.

Particule

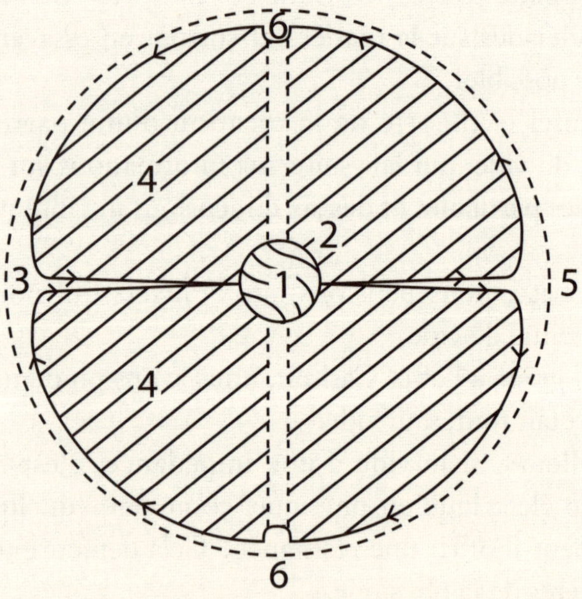

Comme nous l'avons vu précédemment, la masse d'une particule n'existe pas. C'est en fait la rotation des informations comprises dans ses deux hémisphères qui lui procure une masse.

La différence entre ces deux hémisphères permet de créer toutes les caractéristiques des différentes particules (masse, charge, interactions, etc.).

Seul le photon, qui est une particule particulière, a un seul hémisphère et une seule rotation.

Il peut également se charger et se décharger sur d'autres particules.

Telle une abeille qui butine de fleur en fleur, le photon «butine» de particule en particule, se chargeant et se déchargeant d'informations.

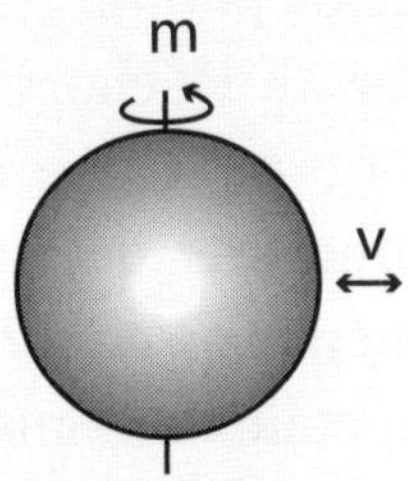

Photon UP

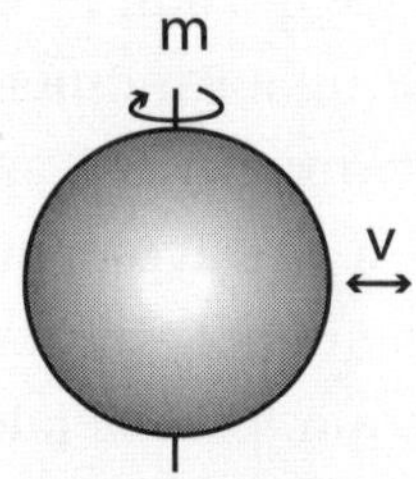

Photon DOWN

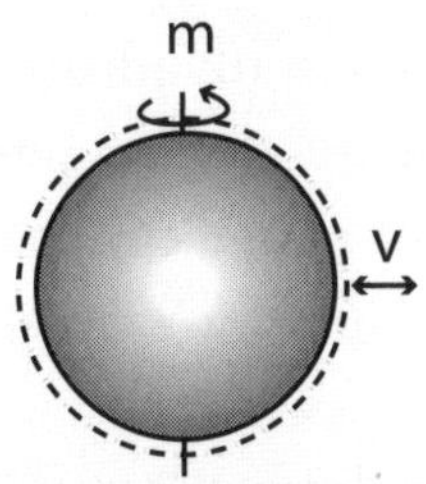

Photon UP chargé

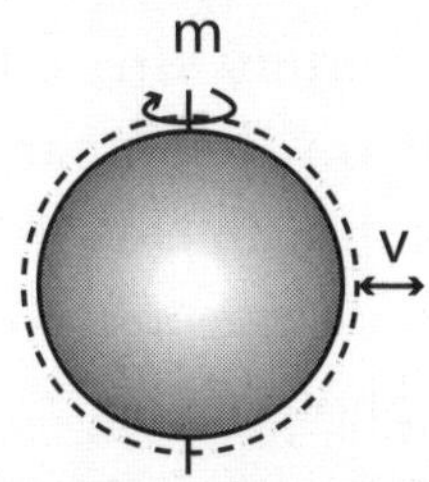

Photon DOWN chargé

À la base, une particule peut être activée ou désactivée en passant par la sixième dimension, qui donne un accès direct au cœur de la particule.

L'univers entier, le vide, est rempli d'une trame de cœur de particules désactivées.

Le potentiel de créer de la matière, donc de l'énergie, est colossal !

Quand ils sont en contact avec une charge magnétique et une source lumineuse (chaque atome étant une source lumineuse potentielle), les noyaux désactivés peuvent retrouver un tempo, une pulsation grâce à la charge magnétique, et les hémisphères de la particule en devenir viennent se combler au fur et à mesure grâce aux charges d'énergies déposées par les photons.

Rappelons également qu'à l'heure actuelle nos connaissances sur les photons sont très floues… Dans Wikipédia, on peut lire ce qui suit : « On ne peut parler de photon en tant que particule qu'au moment de l'interaction. En dehors de toute interaction, **on ne sait pas**. Et on ne peut savoir quelle "forme" a ce rayonnement. On peut imaginer que le photon serait une concentration qui ne se formerait qu'au moment de l'interaction, puis s'étalerait et se reformerait au moment d'une suite d'interactions. On ne peut donc pas parler ni de "localisation" ni de "trajectoire" du photon. »

Autrement dit, on ne peut localiser un photon qu'au moment où il se charge ou se décharge sur les particules. Sinon, impossible de le localiser. Et pour cause, car chaque instrument de mesure viendrait alors émettre ou absorber les charges photoniques.

C'est pour cette raison qu'en physique, c'est à l'endroit exact où l'on positionne l'appareil de mesure que ce dernier capte le photon.

On aura beau essayer tous les endroits à tester, chaque fois l'appareil captera le photon.

Cela était une grande énigme pour nos chercheurs du siècle dernier. Ils se questionnaient : « Comment se fait-il qu'un photon n'ait pas de trajectoire préétablie et qu'il soit capté à chaque endroit mesuré ? » Ainsi est né l'indéterminisme en physique quantique : tant qu'il n'y a pas d'observateur pour mesurer où se situent les particules, celles-ci peuvent être partout à la fois.

L'univers entier est une grande trame : l'éther des anciens ou les particules virtuelles de Casimir.

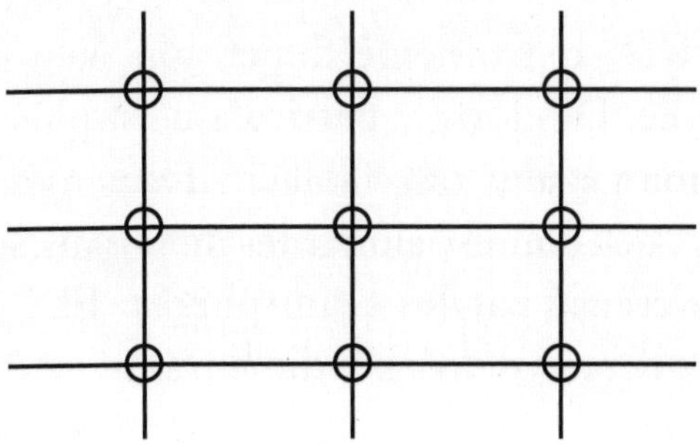

Le « vide » rempli de cœurs de particules désactivées (première et deuxième dimensions).

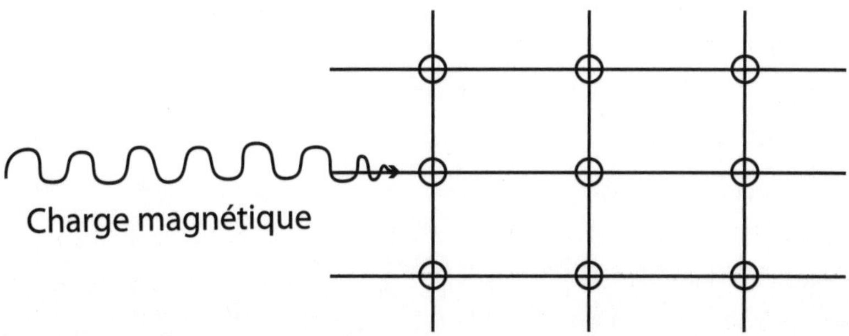

Une charge magnétique est appliquée, activant un des cœurs désactivés.

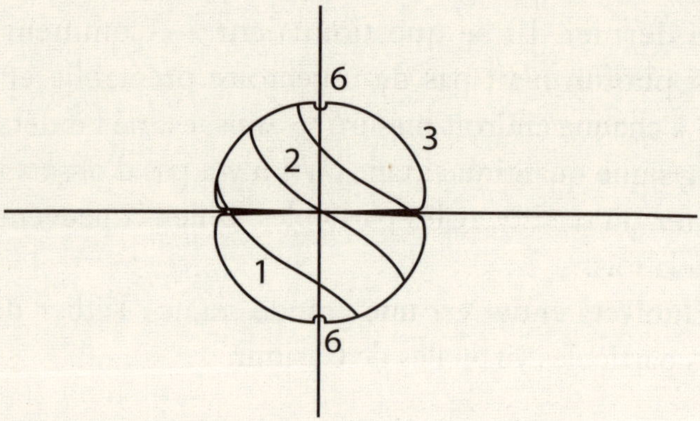

Une fois activée, la troisième dimension (lien environnemental) est générée. Dès lors, la particule n'est plus reliée seulement au Tout, mais également à son environnement.

La sixième dimension est alors présente, mais son passage n'est pas encore creusé par les hémisphères. Elle est encore «collée» aux première et deuxième dimensions.

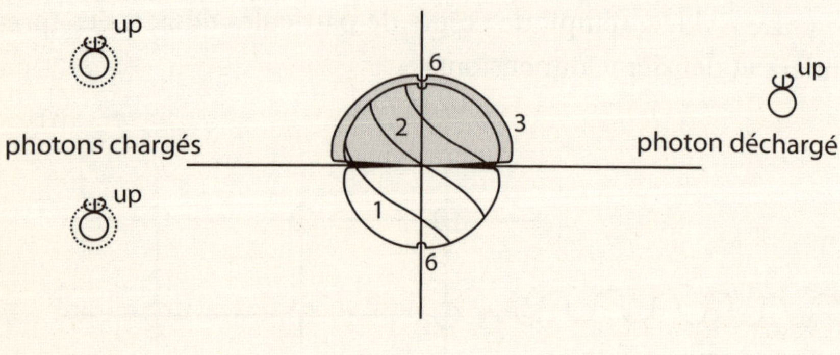

Les premiers photons chargés arrivent et, attirés magnétiquement, ils viennent heurter le cœur de la particule.

Telles des abeilles quantiques, les photons déposent des charges énergétiques qui viennent petit à petit construire les hémisphères de la particule. Par l'énergie engendrée, la cinquième dimension apparaît, elle qui est une sorte de protection, d'atmosphère à l'échelle particulaire qui englobe la particule entière.

La sixième dimension est alors creusée par les deux hémisphères formés.

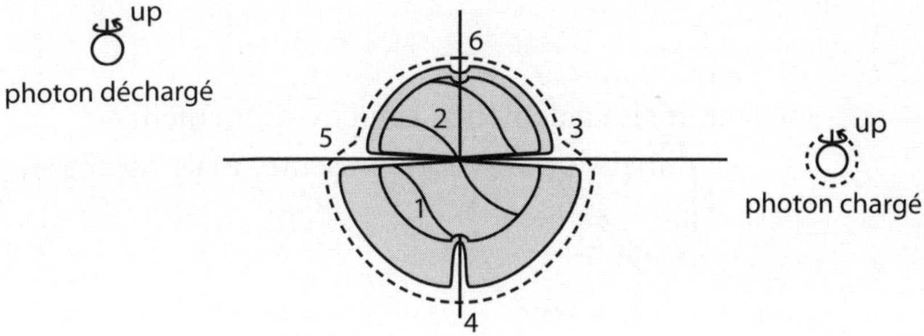

Une particule seule est très instable, car des photons non chargés viennent aussitôt heurter les hémisphères des particules et repartent chargés d'une partie des informations énergétiques contenues dans les hémisphères de la quatrième dimension.

Quand des particules s'assemblent (l'union fait la force), les noyaux magnétiques des particules assemblées agissent les uns sur les autres, la microgravitation des noyaux attirant l'hémisphère nord d'une particule et l'hémisphère sud d'une autre, laissant ainsi moins de « prise » aux photons déchargés pour venir se charger à leur contact.

C'est ainsi qu'un atome vit plus longtemps qu'une particule.

De surcroît, dans certaines configurations, des particules appelées quarks se créaient et s'assemblaient aussitôt.

Le quark a la particularité d'entremêler sa troisième dimension à celle des deux autres quarks.

Ils s'assemblent normalement par groupes de trois.

Ainsi, les quarks sont en quelque sorte englués entre eux et se coupent par l'occurrence de toute autre interaction photonique avec l'environnement proche.

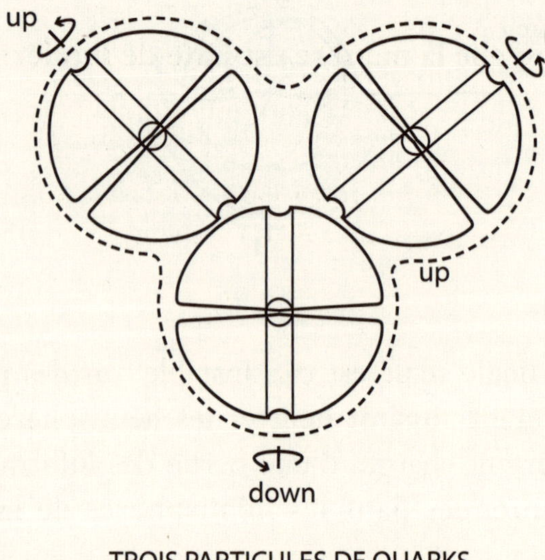

TROIS PARTICULES DE QUARKS

Ainsi, plus on tente d'éloigner les quarks, plus la résistance entre les particules est grande !

Comme si la troisième dimension formait une sorte d'élastique entre ces six hémisphères.

On peut déchirer cette troisième dimension « interquarkique » grâce à une grande énergie.

Dès qu'un quark est séparé, un autre vient se former aussitôt (par la libération d'énergie, de lumière et de magnétisme engendrée pour casser ces trois dimensions, tous les ingrédients sont réunis pour reformer une nouvelle particule à partir d'un cœur désactivé) et une nouvelle paire de quarks se crée, mélangeant leurs troisièmes dimensions.

Une fois assemblés, les trois quarks sont très stables ; ils forment un proton.

Les protons et les neutrons s'assemblant, ils forment des noyaux.

Par sa microgravitation magnétique, chaque noyau attire des électrons et le tout forme alors un atome.

C'est ainsi que **la matière est faite de lumière**.

Cette théorie peut certes paraître déroutante. Pourtant, prise en considération, elle engendrerait une avancée colossale en physique quantique et permettrait de relier beaucoup de faits encore cloisonnés dans le domaine du paranormal à celui de la physique tout simplement.

C'est ce que le prochain chapitre mettra en évidence.

Chapitre 5

La conséquences de cette nouvelle vision de la matière

L'illusion de la séparation

L'illusion que l'on a de la dissociation et de l'isolement agit sur nous quand nous avons l'impression d'être séparés par l'extérieur.

Le principe de cette théorie bihémisphérique et des six dimensions intrinsèques permet de comprendre que chaque particule est reliée intimement à l'Unité, par la deuxième dimension intrinsèque. L'isolement est, par conséquent, impossible, tout étant relié en permanence par son centre. Même inactive, comme l'est le cœur des particules en devenir, la deuxième dimension reste enroulée sur la première et permet ainsi à chaque noyau désactivé de rester en contact avec l'ensemble de l'univers.

En fait, tout un chacun peut capter des informations provenant du Tout, de la globalité.

Les phénomènes liés à la télépathie en sont le reflet.

Le ressenti et les perceptions extrasensorielles à distance sont également en lien avec cette deuxième dimension. En réalité, nous ne devrions pas qualifier ces perceptions « d'extrasensorielles », mais plutôt « d'intrasensorielles », car elles viennent de l'intérieur et ne sont pas captées à l'extérieur du corps !

Bien sûr, l'empathie fait partie de ces perceptions. Les personnes empathiques sont souvent très émotives ! L'émotionnel est caractérisé par l'eau de notre corps. Et l'eau a une mémoire, elle imprime tout. Notre mémoire cellulaire dépend de notre eau corporelle. Une personne empathique peut ressentir et même vivre la souffrance ou le bonheur de quelqu'un d'autre dans ses propres cellules, comme si l'eau qui compose ses cellules pouvait se connecter à l'eau des cellules d'une tierce personne. Le lien s'établit de façon spontanée et momentanée !

La télépathie est l'action de recevoir une information de manière « non conventionnelle ». Par exemple, en lisant dans les pensées d'une personne sans que cette dernière ait pu les verbaliser pour les transmettre par le son. Ou alors en visualisant et en « devinant » un dessin caché rien qu'en se concentrant sur la personne qui a fait le dessin, c'est-à-dire sans recourir au procédé visuel habituel.

Beaucoup d'expériences ont été faites dans le monde sur la télépathie et le transfert de données à distance.

La physique quantique aussi mentionne la télépathie comme moyen de communication entre particules intriquées (qui ont été créées en même temps). Un protocole de communication quantique consiste donc à transférer l'état quantique d'un système vers un autre système similaire et séparé spatialement du premier en mettant à profit l'intrication quantique.

Même séparées par des années-lumière, les particules intriquées resteraient en communication, la distance spatiale ne jouant aucun rôle dans la perception de l'information. C'est là un des mystères de la physique quantique. Le voile sur ce mystère est levé par l'explication de la deuxième dimension intrinsèque.

Rien ne peut être réellement séparé.

Tout est en relation et en interconnexion.

Ainsi, nous pourrions chercher à savoir si nos paroles, faits et gestes sont si anodins et inoffensifs pour les autres et pour le monde… Si les particules de notre corps sont autant en interconnexion avec celles de notre voisin, de notre pire ennemi, qu'avec celles de notre amoureux.

La question demeure : quelle énergie aimerais-je apporter au monde ?

Même si je ne suis qu'une goutte d'eau à l'échelle de cet océan de gouttes intriquées, la théorie du centième singe confirme qu'un basculement des masses peut être effectué à partir d'un certain nombre d'individus allant énergétiquement dans une même direction. On connaissait l'effet de groupe en psychologie, voici l'effet de groupe en physique quantique.

Nous sommes « inconsciemment » influencés par les énergies de groupe. En psychologie, nous appelons cela justement les énergies de groupe. Dans le domaine de l'ésotérisme, nous parlons plutôt d'égrégores, ces énergies formées par les pensées des hommes et qui véhiculent une véritable force.

En se basant sur ces faits, il est aisé d'aborder le contrôle d'un être par un autre.

Ainsi, les personnes très émotives sont plus facilement influençables, ne serait-ce que par la pensée d'une tierce personne sur elle ! Le contrôle mental, que les gouvernements cherchent souvent à obtenir, aussi bien en matière militaire que politique, est possible en passant par l'émotionnel de la population, tout en véhiculant une autre information.

Il est important, voire primordial, de se centrer pour se réaligner sur la totalité de l'énergie et de l'information, non sur une petite partie seulement de tout cela.

Nous avons presque tous déjà influencé une tierce personne par nos pensées répétitives !

Il est futile de penser que nos petites actions, pensées, prières ou méditations ne sont d'aucune utilité, car c'est faux ! Chaque acte ou pensée est une énergie qui vient s'additionner au Tout. Rien n'est perdu ni isolé.

Avoir accès aux autres particules par la méditation

Depuis les informations perçues de l'Avaël, une petite méditation m'est alors venue. Chacun peut la faire ; elle permet d'accéder à d'autres lieux tout en restant chez soi.

Elle est très simple. Asseyez-vous confortablement dans un fauteuil et fermez les yeux. Pendant quelques minutes, laissez votre mental vaquer à ses occupations, se décharger de toute la tension et des préoccupations qu'il pourrait avoir. Puis, concentrez-vous sur votre respiration ; inspirez et expirez lentement par le nez. Détendez-vous. Fixez votre concentration (votre mental) sur ce mince filet d'air qui passe par vos narines, visualisez une infime molécule d'oxygène qui entre par votre nez, fait le trajet jusqu'à vos poumons et ses alvéoles, et traverse ensuite les parois poreuses pour rejoindre votre circulation sanguine et se coupler avec un globule rouge qui vous transportera tout au long de votre voyage. Votre conscience ne fait qu'un avec cette molécule d'oxygène. Vous commencez par voguer dans tout le circuit sanguin de votre corps. Visualisez par où vous passez, les grosses artères, les croisements, les embranchements, les ramifications. Vous pouvez ainsi aisément aller « contrôler » l'état interne de vos organes, leur bon fonctionnement. Vous pouvez ainsi faire le tour de votre corps. Le circuit sanguin remonte ensuite vers le cœur. Voyez cette partie intégrante de molécule d'oxygène être captée et absorbée par une cellule du muscle de votre cœur. Chaque muscle est un grand consommateur d'oxygène. Visualisez l'intérieur de la cellule comme une usine où le travail s'effectue sans relâche jour et nuit. Entrez au plus profond de cette cellule ; vous y verrez une sorte de chaîne de production qui assemble et désassemble les échelles d'ADN, les coupant, les photocopiant, les reproduisant. Choisissez alors un brin d'ADN et pénétrez-le au niveau particulaire. Selon le schéma qui vous a été présenté, visualisez la particule vibrante avec ses deux hémisphères en rotation et ses six dimensions intrinsèques. Pénétrez au plus profond de la particule jusqu'au cœur, puis jusqu'à la deuxième dimension, qui est en quelque sorte enroulée autour de ce cœur. L'étape finale consiste à accéder à cette dimension. Une fois absorbé par elle, vous avez accès à toutes les autres particules de la création. Vous pouvez penser à votre mère, à vos frères et sœurs, à vos amis, à votre ennemi ou à votre amour. La pensée étant une onde psychogravitationnelle, elle attire à elle tout ce vers quoi elle tend. Par ce passage intrinsèque, vous serez déplacé vers la deuxième dimension d'une particule qui compose le corps de la personne choisie. À ce moment-là, il vous suffit de faire le chemin inverse, de passer par le brin de l'ADN de la cellule et par la circulation sanguine. Vous pouvez également faire le tour des différents organes pour ensuite être expectoré par le nez ou la bouche sous forme de molécule de dioxyde de carbone. À ce moment-là, votre conscience est à l'extérieur et elle peut observer ce que fait la personne. C'est ce qu'on appelle de l'espionnage psychique. À l'extérieur, on observe ; à l'intérieur, on ressent. Pour le retour de la conscience dans votre corps, il vous est possible de passer directement par la particule qui compose la molécule de dioxyde de carbone, car toute conscience tend à réintégrer sa structure initiale. Il est donc plus aisé de rentrer que de sortir.

Un exercice tout simple consiste à noter, à « son retour » d'un tel voyage, ce qu'a fait ou ressenti la personne, ainsi que l'heure exacte, pour corroborer ces informations avec ce que vous dira la personne en question.

L'humain n'a même pas idée de tout son potentiel interne !

L'imagination est une clé resplendissante qui ouvre les portes de la réalité.

Faut-il seulement apprendre à se concentrer et à visualiser ? La visualisation est un art éprouvant qui ne peut être maintenu sans la concentration.

Illusion de l'isolement entre Dieu et nous

Le mot Dieu peut être prétexte à beaucoup de dérives.

Énormément de personnes ont un problème avec ce mot, même si elles arrivent à en percevoir le sens. C'est justement par rapport à l'usage erroné du mot Dieu qu'un nombre beaucoup trop important de gens en ont déformé la beauté.

Les scientifiques, même croyants, n'aiment pas employer ce terme. Et pourtant, sans Dieu, cette force de création immuable, rien ne peut être profondément expliqué. Du fonctionnement de la cellule, de la perfection de la nature, de la naissance de l'univers, de la complexité de chaque organisme, de l'équilibre fragile de la Vie à la conception particulaire et à bien d'autres choses, tout est Dieu et passe par Dieu.

En faisant tout simplement appelle à la logique, comment peut-on concevoir l'harmonie et le fragile équilibre des structures sur terre sans un chef d'orchestre ?

Chaque particule a une conscience.

> **Pléiades, Avaël, chapitre II,13 :** « Sans conscience, il y a désintégration littérale de chaque structure de base. »

Ainsi, conscience ne signifie pas « mental ou réflexions », mais capacité à concevoir son existence, si minuscule soit-elle. Et une particule a conscience de son existence et de son rôle.

La conscience particulaire a été insufflée par une énergie créatrice, par Dieu.

Car, sans cela, on ne peut concevoir que quelques bactéries unicellulaires aient pu donner naissance, même des milliards d'années d'évolution plus tard, à la complexité du corps humain, de son ADN, de son cerveau, de ses pensées… Il faut juste être logique !

Sans un « chef d'orchestre » et sans la conscience particulaire, impossible d'arriver à un tel stade de perfectionnement de la vie et des espèces.

Il y a bel et bien une énergie créatrice, une seule et unique énergie de création que l'on appelle Dieu et qui modèle et insuffle la vie.

Je sais que ce mot fait « grincer des dents » plus d'une personne et froisse les oreilles de certaines, mais peu importe. Je ne changerai pas ce terme, comme bon nombre le font en le remplaçant par « le Tout » ou « la Force » ou tout autre synonyme. J'aimerais réhabiliter le mot Dieu dans toute sa grandeur et sa création.

La conscience particulaire, elle, permet à un organisme de se développer et de s'acclimater à un environnement particulier. C'est une forme « d'intelligence corporelle » qui modifie ses structures pour que l'organisme s'intègre au mieux à son environnement. C'est aussi ce qu'on pourrait appeler « l'évolution des espèces », la théorie de Darwin. Celle-ci n'est pas fausse, bien au contraire. Les observations de Darwin sur les îles Galapagos étaient justes. Une même espèce peut muter et se transformer de génération en génération, en fonction de son environnement et de ses besoins. Et ce, grâce à la conscience particulaire. Par contre, la vie n'a pas été le simple fait d'un concours de circonstances. Il y a une limite à cette théorie. Le fait d'omettre le facteur Dieu dans la création de la vie, c'est comme oublier les œufs dans l'omelette. C'est tout simplement inconcevable.

De la même façon qu'on cherche le savoir, une information, à l'extérieur, on recherche Dieu à l'extérieur de nous. Les croyants qui s'évertuent à pratiquer de nombreux rituels sans avoir la flamme, c'est-à-dire la foi à l'intérieur d'eux-mêmes, ne font que se rassurer par des actes. La connexion à Dieu, cette force immuable, se fait de l'intérieur, au plus profond de l'être. Là sont les portes de la communion divine.

Dans l'Avaël, il est dit que Dieu est lumière. Et comme la matière est faite de lumière, ainsi la matière serait faite de Dieu.

> **Pléiades, Avaël, chapitre XI,1 :** « Le photon est le corps de Dieu. »

Pléiades, Avaël, chapitre XI,2 : « Il est sa conscience et son vecteur parmi nous. »

Pléiades, Avaël, chapitre XI,6 : « C'est ainsi que Dieu est omniprésent en chaque particule. »

Pléiades, Avaël, chapitre XI,8 : « TOUT PASSE PAR DIEU ET SE FAIT PAR DIEU. »

Pléiades, Avaël, chapitre XI,16 : « Nous sommes constitués de particules, donc de Dieu. »

Par conséquent, Dieu est à l'intérieur de nous aussi bien qu'à l'extérieur.

Le chemin le plus rapide est censé être la droite, sauf s'il y a possibilité de superposition. Ainsi, le chemin le plus rapide est celui qui se rapproche du centre.

Le chemin le plus rapide pour entrer en communion avec Dieu passe par le centre de notre être, la partie la plus intrinsèque de notre être, soit nos particules.

Ainsi, comme il a été mentionné précédemment dans la méditation, nous pouvons avoir accès (un laps de temps très réduit) à l'immensité de Dieu.

Au lieu de vouloir se connecter à une tierce personne durant la méditation, il est possible de « rester » à l'intérieur de la deuxième dimension, celle qui permet d'être en communication avec chaque chose existante dans tout l'univers. On pourrait appeler « cette porte » le passage de Dieu, car c'est ainsi que chaque entité est liée. À ce moment-là, le sentiment d'Unité est vraiment et intensément présent. Il y a possibilité de « s'imbiber » de l'énergie de Dieu l'espace d'un court laps de temps (qui peut paraître infiniment long, la notion de temps n'existant plus) et de prendre conscience d'une échelle de grandeur que nos cerveaux ont du mal à concevoir à l'heure actuelle : l'immensité de Dieu. Toucher du doigt ce ressenti, même momentanément, change à jamais notre vision de l'univers.

Et c'est là que le voile sur l'illusion de la séparation est levé.

Comme nous avons énormément de mal à concevoir la notion d'infini, qu'il n'y ait jamais de fin ou de bord, nous ne pouvons appréhender dans notre état de conscience actuel l'infinie grandeur de Dieu et son omniprésence en toutes choses.

Prise de conscience d'une énergie colossale tout autour de nous

Il y a de nombreuses générations, nos anciens avaient pris conscience qu'il y avait tout autour de nous un réservoir d'énergie colossale. Ils le surnommèrent l'éther.

Dans les métaphores alchimistes, l'éther avait une place primordiale dans les interactions entre la matière (le plomb) et l'esprit de l'alchimiste (la lumière). Ainsi, on enseignait comment transformer le plomb en or, comment transmuter une matière « vile » en une matière « noble », et comment utiliser l'éther à ces fins.

De nos jours, l'effet Casimir prouvé et mesuré en 1997 a permis de confirmer que « le vide », l'éther, composé de particules dites virtuelles, pouvait influer sur la matière et rapprocher deux plaques métalliques de quelques millièmes de millimètre.

Les informations perçues des Pléiades, l'Avaël, nous font part de la structure de l'éther qui nous entoure. Ce que les physiciens quantiques appellent aujourd'hui particules virtuelles est en fait décrit comme des cœurs de particules inactifs qui ne demandent qu'à être activés !

La matière est faite de lumière. Nos particules ne sont que le résultat d'une agglomération d'énergie photonique. En s'assemblant, les particules se stabilisent et forment des atomes. Il est alors plus difficile aux photons de venir se charger ou se décharger en heurtant les hémisphères particulaires.

Autour de ces atomes formés se trouvent du « vide », de l'éther, une trame de cœurs de particules inactifs (la première dimension et la deuxième, cette dernière étant enroulée sur la première). Le potentiel de créer une particule dépend de deux facteurs : la lumière et le magnétisme.

> **Pléiades, Avaël, chapitre XIII,4 :** « Pour que l'étincelle des rotations hémisphériques apparaisse, il faut un yang et un yin, un père et une mère, une charge magnétique et une source lumineuse. »

Comme il a été décrit précédemment sur la création d'une particule, le potentiel d'activation de ces cœurs inactifs est à portée de main.

Deux ingrédients essentiels : des photons chargés et le magnétisme, ce dernier étant l'impulsion qui « réanime » le cœur au repos et lui donne le tempo.

Faut-il en ajouter une autre qui serait la volonté de l'observateur, ou d'une conscience, pour donner une direction et une sorte d'organisation particulaire ?

Car, sans cela, les cœurs de particules peuvent s'activer et créer de nouvelles particules tout en relâchant des photons déchargés qui viendront ôter des charges photoniques aux hémisphères des particules déjà en activité et, par conséquent, les désactiver à leur tour. Ainsi, il n'y aurait qu'un transfert d'énergie et de données, non la création d'une masse supplémentaire de particules.

Le potentiel de création présent dans «l'énergie du vide» est colossal. Seulement, faut-il encore pouvoir le canaliser, même en présence de tous les ingrédients nécessaires. Là réside LA grande maîtrise.

Potentiel de création interne de chaque organisme

Dans le domaine de l'ésotérisme, on a souvent décrit le monde éthérique comme un monde en corrélation avec le nôtre ayant pour support l'éther, cette forme d'énergie invisible qui nous entoure et qui serait peuplée d'entités, qu'on les appelle djinns, fées, élémentaux ou encore nos défunts.

L'éthérique n'est autre que le monde de l'éther, la trame des noyaux inactifs des particules en devenir. Et cette trame peut véhiculer bon nombre d'esprits sous forme d'énergie.

La particularité du monde éthérique est qu'il semble, pour ses habitants, beaucoup plus mobile que le nôtre, avec des lois de gravité, de déplacement, de frottement complètement différentes. Les énergies présentes dans cette dimension semblent très malléables et libérées ou presque de toute contrainte physique. Tout y semble donc possible!

Les dernières décennies d'observations en physique quantique laissent paraître une similarité étonnante avec toutes ces facultés éthériques, comme si l'éthérique et l'infiniment petit étaient similaires ou gémellaires.

Ce qui est aussi important à retenir, c'est que l'éther est en corrélation avec notre monde matériel et qu'il interagit avec celui-ci.

Nous pouvons utiliser et générer de l'énergie à partir de la trame éthérique.

En parapsychologie, la psychokinésie est l'action de déplacer la matière physique ou de créer une distorsion dans cette matière physique, par la pensée. L'éther joue un rôle capital dans cette interaction. Il en est d'ailleurs le vecteur.

Rappelons qu'en physique le vide à une impédance, c'est-à-dire une résistance électrique, ce qui prouve bien que le vide n'est pas vide, mais constitué d'une structure particulière qui offre une certaine résistance mesurable. C'est le cœur de particules inactif qui offre cette fameuse impédance.

Les matérialisations ou dématérialisations spontanées sont également sujettes à de nombreuses recherches en parapsychologie.

À ce jour, nous n'arrivons pas à les reproduire. Nous ne pouvons que les constater.

Similairement au phénomène ovni, nous ne pouvons pas les reproduire. Il est seulement possible de les constater.

La matérialisation d'objets à l'échelle microscopique, non observable à l'œil nu, est explicable par la théorie bihémisphérique des particules. Mais entre l'explication et la réalisation, il y a des pas de géants à franchir. Et ces pas sont d'autant plus grands à l'échelle macroscopique !

Selon le principe de création d'une particule à partir d'une impulsion magnétique et d'une source lumineuse « chargée », il est aisé de concevoir qu'une particule peut être créée rien qu'en activant une zone de l'éther qui présente un nombre de cœurs de particules inactifs.

La création n'est pas un souci. La disposition de ces particules en atomes l'est un peu plus, et celle des atomes entre eux encore plus !

En résumé, chaque instant il y a création et annihilation de particules tout autour de nous. Seuls les atomes acquièrent la stabilité nécessaire pour conserver leur structure. Il faut un facteur extérieur de taille conséquente pour « diriger » cette lumière afin d'assembler les particules en atomes. Ensuite, par leur troisième dimension (le lien à l'environnement proche), les particules vont, par mimétisme avec leurs voisines, se mettre dans le même état quantique qu'elles.

Le facteur de taille conséquente peut être l'intensité d'une pensée bien dirigée et orientée.

Nous sommes tous composés de telle façon que nous émettons et absorbons de la lumière en permanence (comme toute matière), que nous véhiculons, par notre système nerveux et électrique, un champ magnétique. Nous sommes dotés d'un cerveau qui nous permet de créer des pensées, d'une volonté qui nous permet de diriger ces pensées et d'une imagination qui permet de visualiser un état que pourrait prendre une structure.

Nous avons tous les ingrédients en nous !

Tendre la paume de sa main (l'intérieur des mains est très magnétique), se concentrer dessus en formulant le désir d'obtenir une molécule de l'analgésique de son choix (la conscience particulaire sait), diriger sa pensée en ce sens (la pensée est source lumineuse), maintenir cette intensité tant que la volonté le peut, puis appliquer la paume de la main où on le souhaite sur le corps fera passer l'information instantanément et on verra le résultat opérer bientôt. Cette approche est encore plus précise que l'homéopathie.

Cela peut paraître surprenant, mais il faut essayer cette approche pour l'expérimenter.

Je pense sincèrement que la création dirigée de particules en molécules est possible à notre échelle. Toutefois, celle qui consiste à assembler ces molécules de façon cohérente n'est pas encore à notre portée.

Ainsi, on peut réussir à créer une particule de farine, mais pas encore une miche de pain au centre de sa main.

Ce qui ne veut pas dire que cela est impossible pour d'autres êtres plus évolués que nous, qui ont une tout autre maîtrise de leurs capacités intrinsèques.

De ce fait, par une grande maîtrise du potentiel omniprésent en tous points de la deuxième dimension (le lien au Tout) et la vacuité que nous pouvons obtenir grâce à cette méthode couplée à celle de la création de la matière, il est possible de créer de la matière où que ce soit sur terre ou ailleurs. C'est ce qu'on appelle les apports, en parapsychologie.

Et comme tout va dans les deux sens, ce qui peut être matérialisé peut aussi être dématérialisé.

La force de la pensée

La force d'action liée au potentiel de nos pensées n'est plus à démontrer. De nombreuses études et recherches dans ce domaine ont souligné l'importance de nos pensées.

Dans le domaine de l'ésotérisme et les méthodes bouddhistes, l'importance de générer des pensées positives pour atteindre l'harmonie intérieure et, par conséquent, la cohérence entre nos cellules et moins de stress au niveau moléculaire, est la base d'un travail méditatif quotidien.

En hypnose, les sujets en état hypnotique à qui on donne des informations particulières, comme la température de la pièce où ils se trouvent, voient leur corps réagir en fonction de l'information perçue par leur cerveau.

Si on leur dit qu'il fait -20 °C, ils se mettent à grelotter, on voit leurs lèvres bleuir, leurs vaisseaux sanguins se rétractent, et la personne se contracte de froid, alors que la pièce reste à 20°C. Et inversement, si on leur suggère qu'il fait 60°C, que la température est celle d'un sauna, leurs vaisseaux sanguins vont se dilater, ils vont rougir, commencer à transpirer et avoir tous les symptômes liés à la chaleur, alors que la pièce reste toujours à 20°C.

La pensée à une force colossale. Ce que le cerveau perçoit comme information, il le traite comme véritable, tout illusoire soit-il !

Peut-être même sommes-nous dans une sorte d'illusion que notre cerveau interprète comme réelle. Nous ne pouvons le savoir, tout comme l'hypnotisé ne peut savoir que son état est suggéré. Seule la perception d'une autre « réalité » permet à la personne d'avoir un point de comparaison et de s'identifier à la réalité qu'elle veut.

C'est sur cette base, entre autres, que se fonde la théorie d'un monde holographique.

La pensée a le potentiel de créer.

Répétez à un enfant qu'il est stupide et il va finir par le devenir. Répétez-lui qu'il est méchant et il va finir par le devenir.

La parole est une pensée verbalisée.

Verbalisez une pensée par un son (des mots) et vous obtenez alors la vibration qui interagira avec tout votre organisme, car chaque particule n'est que vibrations.

En psychologie, il est important que le patient s'entende parler et verbaliser ses émotions. Ainsi, l'impact de la thérapie est beaucoup plus grand, car le cerveau du patient réagit d'autant plus fortement quand il entend la voix de cette personne. La vibration émise est en résonance avec son corps.

Lors d'un traumatisme, la victime doit pouvoir s'exprimer et parler de son choc. Cela lui permet de générer son émotion en vibrations et de l'extérioriser. Tout cela est connu et approuvé par les secouristes.

En médecine, l'effet placebo est une merveilleuse preuve de la capacité créatrice de nos pensées. Administrez à des patients un médicament qui les soulagera de leurs maux et remplacez-le par des molécules de sucre, et un nombre non négligeable de ces patients guériront, car ils auront tout simplement pris l'information (la vibration) de la molécule qui devait les soulager. L'effet placebo est connu de tous.

Tous ces exemples sont des preuves de l'impact de la pensée sur nos vies de tous les jours.

Maintenant, comment peut-on expliquer physiquement ces prouesses ?

Le monde scientifique ne peut plus, longtemps encore, exclure la force de la pensée s'il veut avancer sur le chemin de la grande unification. Il doit bel et bien prendre en considération une cinquième force dans notre monde.

T, la cinquième force

Jusqu'à présent, le monde scientifique a présenté quatre grandes forces majeures :

G la gravité (Newton)
EM l'électromagnétisme (Maxwell)
S la force forte (découverte collective)
W la force faible (découverte collective)

Ces quatre grandes forces sont censées régir le monde. Et c'est par elles que l'on devrait réussir à expliquer comment est régi l'univers tel qu'on le connaît.

La quête du Graal d'Einstein, celle qui consistait à réunir en une unique équation la théorie du Tout, n'a pourtant pas été réalisée. Car, au fil des décennies, on a constaté de nombreuses aberrations dissociant la gravité régissant les gros corps d'astrophysique des trois autres forces régissant le monde de l'infiniment petit du domaine quantique.

La gravité est la force primordiale qui entre en compte dans tous les calculs d'astrophysique. C'est pourtant elle qui est quasi inexistante actuellement au niveau particulaire. Une particule n'est pas soumise à la gravité à son échelle, car sa structure est trop petite, elle est trop légère pour cela. Pourtant, les corps les plus massifs sont composés à la base de particules.

Dans le domaine quantique, c'est plutôt la force de van der Waals qui supplante la gravité. Cette force s'exerce entre tous les objets. D'une portée infinitésimale, elle ne se manifeste pas à notre échelle. Elle permet à chaque particule d'adhérer à la surface d'un objet.

La force de van der Waals, serait expliquée par la théorie BHP (bihémisphérique particulaire), par l'action de la rotation de l'hémisphère sud d'une particule sur celle de l'hémisphère nord d'une autre. Ils s'attirent mutuellement et s'adhèrent.

Ainsi, les birotations hémisphériques n'agissent qu'à l'échelle nanoscopique et non macroscopique.

Cependant, une autre force existe, que je nomme :

T, la force de la pensée (*thinking*).

Vient également interagir au niveau particulaire cette nouvelle force, qui est celle de nos ondes cérébrales.

Si, de nos jours, nous baignons dans un espace envahi par des ondes hertziennes, nous sommes littéralement submergés par les ondes cérébrales.

Nos scientifiques ne savent toujours pas comment «naît» une pensée dans notre cerveau ni comment cesser d'émettre des pensées en continu.

Mais ces ondes ont été néanmoins mesurées. Nous connaissons les différentes longueurs d'onde que peut émettre notre cerveau. Qu'il soit au repos, en activité intellectuelle, artistique, méditative, ou en état de sommeil, notre cerveau est un fabuleux émetteur d'ondes de fréquences et d'intensités variées.

La portée d'une onde cérébrale est colossale ! Rien ne semble l'amoindrir, pas même la matière la plus dense. Cette force pourrait donc aisément interagir au cœur de la matière, avec les vibrations de particules.

Contrairement à la gravité, qui est perçue à notre échelle mais qui n'a quasiment aucun impact à l'échelle microscopique, la force T agirait aussi à l'échelle microscopique, mais elle aurait un impact visible à notre échelle, grâce à une série de réactions en chaîne.

Ainsi, donner une information vibratoire à une structure (par une pensée, par exemple) permettrait, selon la force T et son intensité, d'altérer la structure vibratoire de la particule ou même de l'atome ou de la molécule et, par conséquent, de l'information qu'ils renferment.

L'effet de la suggestion en hypnose ou de l'effet placebo en médecine.

Longtemps, la médecine a cru que l'effet placebo ne marchait que sur des sujets qui ne savaient pas qu'ils prenaient un leurre. Mais une équipe de Harvard a récemment démontré le contraire chez des personnes qui souffraient de douleurs du côlon (colopathie fonctionnelle). Après avoir informé ces patients que leurs médicaments ne contenaient pas de substance active, les médecins leur ont affirmé qu'un effet bénéfique avait cependant été constaté précédemment avec ce faux traitement. Trois semaines plus tard, 59 % d'entre eux ont déclaré aller mieux, par rapport à 35 % dans le groupe qui n'avait rien pris.

Une anecdote sur des faits s'étant produits en 2006 relate particulièrement bien l'effet que peut avoir dans le corps physique cette fameuse force T.

« Au cours d'une soirée entre amis bien arrosée, monsieur M. avait bu beaucoup d'alcool. Sachant d'expérience qu'il n'allait pas avoir un sommeil récupérateur et qu'il allait mal dormir, il demanda à un thérapeute présent de lui administrer en vibration éthérique un somnifère pour qu'il puisse bien se reposer durant la nuit. Conscient qu'il ne devait pas mélanger alcool et prise de médicaments, l'homme choisit cette solution de facilité sans vraiment y croire. Le thérapeute tendit sa main, demanda la molécule du somnifère que monsieur M. lui avait demandée, et appliqua sa main sur le front de l'individu. (Exactement le procédé décrit plus haut.)

Le lendemain, monsieur M confia au thérapeute qu'il avait saigné du nez durant cette nuit et qu'il avait justement déjà eu cette réaction en prenant de l'alcool et des somnifères. Monsieur M. fut le premier surpris de la réaction de son corps à une molécule dite éthérique. »

Comment analyser ce fait et ses conséquences ?

- Le corps perçoit tout aussi intensément l'information éthérique que l'information chimique.
- Il est réellement possible de changer la vibration particulaire et de créer de la matière.
- Le thérapeute ne connaissant pas la combinaison de la molécule du somnifère qu'il devait formater, « une conscience » s'organise et entre en relation avec la demande et la direction de la force T.

Comme on le constate actuellement avec les nanostructures, plus on travaille à l'échelle du microscopique, plus les effets sont démultipliés.

De ce fait, des nanotubes de carbone sont cent fois plus résistants que de l'acier et six fois plus légers.

Certains revêtements de peinture intègrent désormais des nanoparticules qui les rendent plus résistants à l'abrasion, aux rayures et augmentent la protection contre les UV et la corrosion.

Dans les crèmes hydratantes, les nanoparticules viennent renforcer leur action. Les liposomes, de minuscules vésicules artificielles, sont utilisés en cosmétique, dans les crèmes hydratante et antirides, pour encapsuler des principes actifs. Ils permettent de protéger des ingrédients fragiles à l'air, telles les vitamines, et pénètrent plus facilement la barrière cutanée. Ainsi, selon les fabricants, les composants actifs viendraient se loger au plus profond de la peau.

Le monde microscopique des particules regorge d'un potentiel colossal pour notre monde macroscopique.

Le décryptage de ses structures et fonctionnements est primordial pour notre futur.

Une autre expression que prend la force T dans le monde macroscopique est celle de la synchronicité.

« La synchronicité est l'occurrence simultanée d'au moins deux éléments qui ne présentent pas de lien de causalité, mais dont l'association prend un sens pour la personne qui les perçoit. » (Source : Wikipédia).

Ainsi, la force T de la pensée, qui a une réelle force psychogravitationnelle, attire à elle tout ce vers quoi elle tend. Tout ce qui est en résonance vibratoire avec la pensée émise sera spontanément « attiré » vers l'émetteur de la pensée, c'est-à-dire la personne.

C'est pourquoi la synchronicité d'un évènement aura une importance particulière aux yeux de la personne qui a émis la pensée et non forcément aux yeux des gens qui l'entourent.

La force T attire à elle la fréquence environnante qui se rapproche le plus de la fréquence émise.

C'est ainsi que lors de la célèbre séance de thérapie de monsieur Jung, le hanneton qui vient heurter la fenêtre ressemble étrangement à un scarabée. Cet insecte a atterri là « par hasard », dira-t-on… ou alors il a tout simplement était dirigé de façon inconsciente vers l'émission d'une pensée à laquelle il correspondait.

> « *Une jeune patiente eut, à un moment décisif de son traitement, un rêve dans lequel elle recevait en cadeau un scarabée doré. Pendant qu'elle me rapportait le rêve, j'étais assis, dos à la fenêtre fermée. Tout à coup, j'entendis derrière moi un bruit, comme si on frappait légèrement à la fenêtre. Je me retournai et je vis qu'un insecte, en volant, avait heurté la fenêtre de l'extérieur. J'ouvris la fenêtre et je capturai l'insecte. Il offrait la plus étroite analogie que l'on puisse trouver avec le scarabée doré. Ce hanneton était un scarabéidé Cetonia aurata, "le hanneton commun des rosiers", qui avait manifestement tenté, contre toutes ses habitudes, de pénétrer dans une pièce obscure juste à ce moment. Je dois dire tout de suite qu'un tel cas ne s'est jamais produit pour moi, ni avant ni après, de même que le rêve de ma patiente est demeuré unique dans mon expérience.* »

La force T de nos pensées a un réel impact visible et mesurable dans le monde macroscopique, autant qu'une influence microscopique. La psychogravitation engendrée par cette force est le lien que nous ne réussissons pas encore à établir avec la force G de la gravité, à l'échelle microscopique.

CHAPITRE 6

La corrélation entre différents travaux scientifiques et la théorie BHP (bihémisphérique particulaire)

De toutes parts dans le monde, des hommes se penchent et travaillent sur la matière. De nombreux chercheurs découvrent de jour en jour l'incroyable capacité que renferme celle-ci.

À tous les chercheurs travaillant dans l'ombre, ceux qui cherchent à titre personnel, à tous ceux qui partagent leurs découvertes à l'échelle planétaire, à toutes ces têtes pensantes, j'aimerais rendre hommage pour toutes les heures passées à étudier, chercher, penser, analyser recouper, classer et parfois élucider les secrets présents au cœur de la matière.

À tous ces chercheurs, et ils sont nombreux, j'aimerais présenter de manière succincte les travaux de quelques-uns, en m'excusant auprès des autres de ne pas les citer, et j'aimerais aussi contribuer à mon tour à apporter une petite goutte d'eau au grand moulin de la Vie.

L'inspiré Masaru Emoto avec son travail depuis plus de dix ans sur la structure de l'eau.

Les découvertes d'Emoto sur la cristallisation de l'eau ont permis au monde entier de mettre des images sur chaque structure émotive de l'eau. L'eau perçoit les informations qu'on lui transmet; on peut découvrir ces informations en observant les différents cristaux formés. Ainsi, les différentes structures qu'une goutte d'eau forme lors de son gèle reflètent tout simplement l'harmonie ou la disharmonie dans sa composition.

Une eau de source formera toujours de jolis cristaux harmonieux, tandis que l'eau chlorée du robinet n'arrivera pas à former ces si jolis cristaux, et une eau stagnante (celle d'un barrage, par exemple) aura du mal à former des cristaux.

La qualité de l'eau entre en compte, mais aussi la vibration que l'eau perçoit avant sa cristallisation. Ainsi, la présence de musique change la structure des cristaux. Par ailleurs, si une bouteille d'eau est en contact avec les vibrations du mot Dieu ou Satan, ou du mot Amour ou haine, les cristaux formés auront des formes complètement différentes qui représenteront manifestement la beauté ou la laideur du mot.

Tout cela montre clairement que la force T de la pensée interagit profondément avec les structures de l'eau et qu'elle a la capacité de les changer.

Les travaux d'Emoto sont tout à fait en corrélation avec les versets du chapitre XV des Pléiades qui ont trait à l'eau.

Le courageux physicien Joël Sternheimer, qui se bat depuis les années 1960 pour que sa découverte, les protéodies, supplante les pesticides et engrais chimiques si chers aux lobbyings agricoles qui continuent de nous empoisonner.

Le principe en est la « résonance d'échelle », c'est-à-dire qu'à chaque protéine correspond une mélodie spécifique, construite à partir des ondes émises par les acides aminés, une composante des protéines.

Les acides aminés sont essentiels à la vie. L'ADN a un code très précis qui permet l'assemblage de ces chaînes d'acides aminés.

Ainsi, par le son, il est possible de stimuler ou d'inhiber la production d'un seul acide aminé ou de toute une chaîne.

Ce spectaculaire travail de recherche a permis de prouver de façon scientifique et mesurable l'effet de certains sons sur notre croissance et sur tout l'organisme en général.

De manière similaire à la théorie BHP, Sternheimer prouve que tout est fait de vibrations, que nous pouvons agir sur ces vibrations et y apporter des données spécifiques.

Le son est vibration. Il peut altérer la birotation hémisphérique et agir ainsi au cœur des particules de la matière.

L'étonnant ingénieur Marc Henry fait « la topologie du vide » et explique durant ses interviews et congrès que c'est dans le vide que l'information est écrite ! Que la réalité des choses se trouve dans les interactions, non dans les objets.

« Prenons une pièce musicale, écoutons-la, puis changeons toutes les notes en gardant les mêmes intervalles… Les notes ne sont plus les mêmes, mais nous reconnaissons pourtant qu'il s'agit de la même mélodie. Le contenu matériel peut donc être complètement changé sans que cela change l'information. En d'autres mots, ce ne sont pas les notes, mais les intervalles entre les notes, autrement dit les vides, qui font que nous reconnaissons la mélodie. S'il n'y avait que des notes, le son deviendrait continu et inaudible. C'est pourquoi il faut chercher l'information dans le vide. Le vide a besoin de matières, de notes de musique, de textes ou de molécules d'eau, parce que c'est la matière qui le structure. Mais le vide établit le lien entre les différentes parties déconnectées. Il est le chef d'orchestre. »

Cette tirade magnifique de Marc Henry définit particulièrement bien le rôle de l'éther, ce vecteur qui relie chaque particule formée et qui véhicule l'information nécessaire à la création d'autres particules et de leurs interactions.

L'inventif physicien Emmanuel Ransford introduit de nouveaux concepts originaux tels que la « psychomatière » ou l'« endocausalité », lesquels concepts pourraient tout simplement résoudre les paradoxes en physique quantique.

Ransford explique dans sa théorie qu'une particule a la capacité de choisir, une sorte de libre arbitre élémentaire. Et il décrit une physique de la psychomatière, du pouvoir d'autodécision.

Semblables à la conscience particulaire, les recherches d'Emmanuel Ransford décrivent une forme d'intelligence inhérente à chaque structure.

Il y a tellement de chercheurs et de découvertes sur des sujets similaires à celui qui vous est proposé dans cet ouvrage, qu'un tome entier mériterait d'être consacré aux recherches parallèles.

J'espère avoir suscité assez de curiosité chez vous pour que vous puissiez chercher d'autres analyses se rapportant à ce sujet… et découvrir à quel point la matière est passionnante et malléable !

À nous de savoir ce qu'on veut en faire.

Et dans quel sens nous voulons créer la matière qui nous compose.

Chapitre 7

Nous et les autres

Dossier ufologique

Le seul mot ovnis ou extraterrestres discrédite tout chercheur !

Par les informations gouvernementales qui sont passées ces dernières années dans les médias, ces derniers ont réussi à rendre « farfelue » une bonne partie des recherches concernant ce domaine. Ce qui est bien dommage. Et comme pour les religions, des groupes viendront toujours donner une mauvaise image de quelque chose et la population retiendra en grande partie les aberrations engendrées.

Le phénomène ovni n'est plus à décrire… Tapez ce mot dans Internet et des centaines de pages et de rapports apparaîtront.

Ce phénomène n'est jusqu'à présent que décrit et répertorié. Nous ne pouvons que le constater sans pouvoir agir sur celui-ci.

Ce qui revient chaque fois dans les rapports militaires, c'est que la technologie observée est si avancée en regard de la nôtre qu'il nous est impossible de rivaliser avec elle. Nous pouvons seulement la percevoir, essayer de la comprendre ou, du moins, de comprendre les lois qui sont régies par cette nouvelle technologie.

Nous pensions représenter le summum de l'évolution, du moins sur terre, mais tout cela nous rend bien petits quant à nos capacités.

Ce chapitre fait également l'objet d'un autre ouvrage, *Ovnis au cœur de la matière*, mais il sera décrit ici de manière succincte, dans les grandes lignes.

L'étrange similarité entre la particule, la Terre et le cerveau permettrait de comprendre les contacts qu'éventuellement nous pourrons avoir avec des intelligences beaucoup plus lointaines, la distance par la nouvelle structure particulaire n'existant plus !

Inutile de rappeler la théorie de l'inséparabilité, à savoir que chaque particule en son sein, par sa deuxième dimension, est reliée à toute la création. Ainsi, nous sommes séparés seulement du point de vue macroscopique et non microscopique.

Revenons aux schémas comparatifs de la Terre, de la particule et du cerveau.

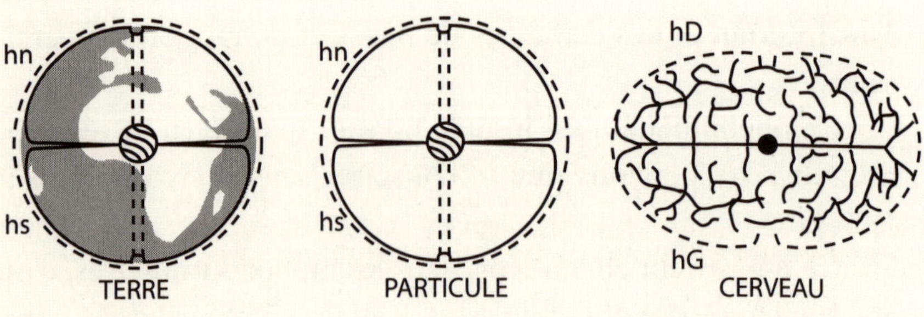

Si on se réfère à la similarité de ces schémas et si on applique les mêmes caractéristiques à la Terre, il serait possible que notre planète soit composée de six dimensions intrinsèques :

- La première est le cœur de notre Terre, le centre magnétique.
- La deuxième est enroulée autour du noyau terrestre et serait en lien avec tout le cosmos, une forme de « porte des étoiles ».
- La troisième viendrait quadriller la quatrième. C'est le lien environnemental, ce que nous percevons sous forme de grille tellurique.
- La quatrième est constituée des deux hémisphères de notre planète, l'hémisphère nord et l'hémisphère sud, qui rappelons la force de Coriolis, tournent en sens inverse.
- La cinquième est la protection qui isole notre Terre et la protège de nombreuses agressions. C'est ce que nous percevons en tant qu'atmosphère.
- La sixième est le passage qui conduit au cœur de la structure et qui donne accès aux deux premières dimensions. C'est ce « passage », normalement situé aux pôles, qui a suscité toute mon attention.

Car, si on transférait les données particulaires à la Terre, cela signifierait qu'à partir des pôles nous pourrions avoir accès au centre de la Terre et, qu'enroulée sur ce centre, une autre dimension donnerait accès à l'univers entier.

Pourquoi aller chercher si loin ce que nous avons si près ?

Pourquoi s'imaginer que d'autres intelligences extraterrestres devraient voyager des milliards d'années-lumière pour venir nous voir alors qu'ils ont sûrement découvert le passage intraparticulaire et que les va-et-vient peuvent se faire de façon interne ?

Une fois de plus, ces données nous ont été transmises depuis des générations sous forme de mythes, ceux de la terre creuse de l'Agartha, où est située la cité Shamballah. Les Tibétains, mais aussi les habitants de l'Inde, mentionnent des passages souterrains qui conduisent au centre de la Terre. Les mythes concernant les Hyperboréens, ce peuple qui habitait au-delà de la Borée, « le vent du nord », tout simplement au pôle Nord !

Selon les écrits qui remontent bien avant la Bible, les Hyperboréens seraient le premier peuple qui aurait vu le jour aux confins du pôle Nord. Ces territoires mythiques de l'Arctique étaient d'une extrême clémence et s'avoisinaient plus aux climats tropicaux que nous connaissons aujourd'hui qu'à un Arctique froid et aride. Le soleil était permanent et garantissait deux récoltes par année aux habitants, qui étaient végétariens. Les Hyperboréens étaient connus pour leur grande sagesse, leurs hautes technologies et leurs capacités psychiques hors du commun. Ils ne connaissaient ni maladie ni vieillesse.

Et surtout, on rapporta qu'ils pouvaient provoquer l'abondance des récoltes ou stopper les maladies et la mort grâce à leurs chants et à leur musique.

Cela rappelle tout simplement la maîtrise des vibrations particulaires et les manipulations de la matière grâce au son. Ainsi, nous pouvons altérer l'ordre particulaire par certaines ondes, comme celles de la pensée, ou par le chant (voir les travaux de Joël Sternheimer).

Et si, tout humblement, ce premier peuple était venu sur terre en tant qu'intraterrestre ? En passant par la deuxième dimension intrinsèque, celle qui est reliée à l'univers ?

De plus en plus d'ufologues se demandent si les ovnis ne vivent pas au centre de la Terre. Plus de la moitié des observations d'ovnis ont lieu au-dessus des mers ou des grands lacs. Plusieurs hypothèses sont nées également sur l'existence éventuelle de bases sous-marines extraterrestres.

Le gouvernement du Guatemala publia de nombreuses photos après le passage d'une tempête tropicale en mai 2010. En plein cœur de la ville, le sol s'effondra et laissa apparaître un immense trou béant de presque vingt mètres de diamètre. La perfection des parois ne peut laisser supposer que de l'eau ou un autre facteur climatique ait pu être à l'origine de cette formation.

Au siècle dernier (en février 1947 plus exactement), l'amiral Richard E. Byrd vola sept heures au-delà du pôle Nord. Il dirigea une escouade d'appareils et atteignit une zone jusque-là jamais explorée ni enregistrée. Il découvrit un gigantesque creux révélant en son cœur une terre verte et luxuriante. Neuf ans plus tard, en 1956, l'amiral déclara publiquement à la radio ce qu'il avait découvert. Cependant, à l'époque, le gouvernement américain le discrédita et tenta de l'empêcher de donner plus d'informations.

Toujours en 1947, le capitaine David Bunger mena une exploration similaire et découvrit cette « vaste terre au-delà des pôles »… mais ses surprenantes révélations furent elles aussi classées « top secret ».

Cela fait plus d'un demi-siècle que ces faits se sont produits, mais le gouvernement américain tente toujours de cacher et de camoufler ces informations.

Pourquoi ?

Si ce n'est que le gouvernement est déjà au courant de ce passage intraterrestre et de ses habitants, et surtout de l'infinie possibilité qu'offrirait l'accès à la deuxième dimension.

Nous pouvons également nous poser la question suivante : pourquoi ce réchauffement climatique si soudain et cette fonte des pôles… ?

Avec la technologie HAARP [un programme scientifique et militaire américain], il est aisé de manipuler à son gré le climat et la température du globe. En 2010, un protocole a tenté d'interdire aux gouvernements les manipulations climatiques … mais en vain.

Quand le gouvernement américain à une information, nous pouvons être certains que le gouvernement russe détient aussi cette information.

Au vu de la connaissance des structures particulaires, il est impossible de cacher une information, car tout le monde a accès à ce réservoir illimité. Par conséquent, dissimuler un secret est un leurre.

Et pourquoi cette « guerre froide » entre nations pour le pôle Nord ? La fonte des glaces permettant un accès plus aisé pour forer… le pétrole et le gaz seraient, paraît-il, les motifs de cette guerre de territoire. Mais si une autre raison suscitait autant de convoitise ? Le pôle Nord n'étant censé être que de la glace, il ne doit pas, en théorie, contenir de sédiments et de pétrole… ou alors en très grande profondeur, sous l'océan.

Si la possibilité de trouver le passage de la sixième dimension au pôle Nord permettait d'accéder aux deux premières dimensions, ce passage servirait aussi à désactiver la particule, donc ses rotations et « son tempo ».

Si le cœur de la Terre se désactivait, nous n'aurions plus de rotations magnétiques et d'impulsions, l'astre deviendrait comme «mort», sans rythme. De cette façon, on pourrait arrêter le cœur de la Terre.

Je ne pense pas que les gouvernements ont assez de recul pour prendre réellement cette information en considération, compte tenu de l'immensité des possibilités qu'offrent une telle découverte et un passage interstellaire.

Plusieurs cartes et dessins connus dans le monde, et datant de plusieurs siècles, représentent également cette zone intraterrestre.

Dont ce mandala indien, qui représente le royaume d'Agartha dominé par «le roi du monde» et protégé par des enceintes de montagnes enneigées, et qui est traditionnellement connu en ésotérisme bouddhique.

«Le roi du monde» signifie qu'à cet endroit terrestre il est aisé de désactiver le noyau magnétique du centre de la Terre et, ainsi, de faire cesser toute activité.

Le terme «roi» symbolise ici le pouvoir.

Comme le pouvoir de vie ou de mort sur cette sphère, la Terre.

Le dessin qui suit représente le règne divin sur une carte chrétienne.

Ainsi, le nord est représenté par une demeure avec une « porte angélique » qui conduit au Divin.

Au-dessus, plane la bénédiction des anges et de Jésus.

La configuration de la carte ressemble étrangement à celle de la particule perçue dans l'Avaël.

Ainsi, la structure interne de la Terre peut s'apparenter à celle de la particule, mais qu'en est-il de notre cerveau ?

Notre cerveau est l'un des organes les plus mystérieux de notre corps.

Nous ne pouvons pas cartographier exactement où se situent les différentes zones et leurs fonctions, car tout cela est très différent d'un individu à un autre.

Nous savons de façon assez approximative où se situe telle région de notre cerveau et à quoi elle correspond.

Je dis « de façon assez approximative », parce que notre cerveau est très malléable et il sait s'adapter aux situations et aux changements cartographiques, c'est-à-dire aux éventuelles lésions qui viendraient perturber une zone particulière.

Il a été également reconnu que le cerveau fonctionne comme un hologramme, c'est-à-dire que l'information est contenue dans un tout, non dans une portion.

Selon les analyses fonctionnelles, nous n'utilisons que 8 à 10 % des capacités de notre cerveau… ce qui nous laisse une marge colossale pour l'exploration de nouvelles données !

Et si, de façon similaire à la particule et à la Terre, notre cerveau nous permettait de voyager à des années-lumière, de concevoir et prendre conscience d'autres dimensions, de créer et modeler la matière et de communiquer de manière intrinsèque ?

Toutes ces questions ne sont pas sans réponse.

Et l'outil le plus formidable que nous avons à portée de main se situe dans notre tête.

CHAPITRE 8

Le potentiel de l'homme

La guérison

Le potentiel de guérison est inhérent à chaque personne. Mais si on cherche la guérison, c'est qu'un dysfonctionnement interne a préalablement causé la maladie.

Chaque maladie est liée à un changement de vibration.

Ainsi, si on n'est pas en harmonie avec notre être, impossible d'être en harmonie avec nos vibrations profondes, celles qui nous structurent.

La pensée est vibration puisqu'elle est une onde.

Reste à savoir sur quelles vibrations nous aimerions nous construire. Il va sans dire que des pensées de stress, d'envie, de haine ou de destruction ne peuvent nous construire harmonieusement, contrairement aux pensées de paix, de joie, de félicité ou d'amour qui nous structurent sur une base de vibrations saines.

Si nous en sommes à un point où le corps a modifié ses données de base pour se construire sur d'autres vibrations, celles du stress et de la contrariété, par exemple, nous nous formatons au fur et à mesure du temps passé sur ce modèle cellulaire de stress, et les maladies associées au stress et aux contrariétés vont alors émerger.

Les cellules vont paniquer et se construire dans le désordre.

Une bonne partie des maladies sont auto-immunes, c'est-à-dire que le corps change de « programmation » et s'attaque lui-même, que le système immunitaire se retourne contre lui. Ce qui revient à nous autoagresser, car notre système immunitaire nous perçoit comme une menace !

Le cancer est un changement de programmation cellulaire qui s'installe au fur et à mesure que nous nous mettons dans un schéma vibratoire inadéquat. Passé un certain seuil de tolérance, la cellule bascule vers un autre fonctionnement. Et à l'instar de la troisième dimension, qui relie chaque particule à son environnement, le basculement d'une seule cellule permet aux cellules environnantes de passer dans le même état quantique que celle-ci.

Ainsi, la prolifération de cellules cancéreuses augmente considérablement.

« La cancérisation des cellules chez les organismes supérieurs, jusqu'ici considérée comme le résultat de mutations dues au hasard qui s'additionnent au fil du temps, en raison de diverses agressions chimiques, et qui peuvent avoir pour résultat de déclencher une prolifération incontrôlée, échappe aux contraintes exercées par l'organisme. » (Thèse de Lucien Israël)

J'ai souligné le mot hasard, car celui-ci n'a aucune place dans la mutation des cellules saines en cellules cancéreuses. Nous seuls changeons le formatage des données cellulaires.

La première étape consiste donc à prendre conscience que nous seuls nous formatons sur ce modèle, et non un élément extérieur comme le travail, la famille, les contraintes quotidiennes ou toute autre source. La cause première est notre fonctionnement et notre mode de pensée ; la conséquence en est la maladie.

> **Pléiades, Avaël, chapitre X,16 :** « Elle (la pensée) attire à elle tout ce vers quoi elle tend. Maîtrisez vos pensées, car elles construisent votre univers. »

La deuxième étape consiste à retrouver l'ordre fonctionnel et originel de la cellule avant qu'elle mute et arrive à ce dérèglement.

L'eau de notre corps a une mémoire et enregistre tout notre vécu émotif. Dans le monde nanoscopique, les molécules sont entourées de deux nanomètres d'eau pour les protéger. C'est cette base de données qu'il faut « nettoyer » et réinitialiser.

Notre esprit est lumière et nos mains sont magnétiques. Nous avons donc les deux éléments de base pour interagir avec la matière.

> **Pléiades, Avaël, chapitre XIII,4 :** « Pour que l'étincelle des rotations hémisphériques apparaisse, il faut un yang et un yin, un père et une mère, une charge magnétique et une source lumineuse. »

Sachez parler à l'ensemble de vos cellules, à l'ensemble de votre corps. Si dysfonctionnement il y a eu, la première étape est la prise de conscience de l'action qui a engendré la maladie, et la responsabilité que nous avons. La deuxième étape vise à réparer les torts que nous avons causés à notre corps.

L'amour, le pardon, l'acceptation sont les premiers mots qui doivent résonner profondément en vous.

Pris à temps, tout dommage causé est réversible.

Au moins une fois par jour, prenez le temps de vous asseoir confortablement et de vous centrer sur l'intérieur de votre corps. Sachez lui demander pardon pour tous les dommages que vous lui avez causés, pour toutes les pensées qui vous échappent et qui ne vont pas dans le sens de l'harmonie.

Si un organe particulier est touché, imposez vos mains sur celui-ci. Concentrez-vous pour lui apporter tout l'Amour et toute la compassion que vous pouvez et donnez-lui magnétiquement [par vos mains] l'information de retrouver son fonctionnement originel, celui qui prévalait avant que vos pensées et vos habitudes ne viennent l'endommager.

L'imagination est une clé resplendissante qui ouvre les portes de la réalité.

Visualisez toute cette lumière qui émane de vos mains et qui vient imbiber l'organe en souffrance. Ressentez cette douceur et cet Amour que vous lui transmettez comme une mère à son enfant. Reprogrammez-vous sur cette vibration.

Sachez également remercier Dieu, la force omniprésente en chaque particule, pour la conception de tout ce magnifique mécanisme de Vie, et demandez à cette force de création que chaque particule se réinitialise sur cette fréquence-là.

Vous pouvez répéter cette petite méditation autant de fois qu'il vous plaira dans la journée.

Vous pouvez l'effectuer même sans attendre que des dommages soient causés dans votre corps physique. Le seul fait de vous réaligner sur la fréquence divine interne en chaque particule permet de conserver un bon état de fonctionnement.

Ne dit-on pas qu'il vaut mieux prévenir que guérir ?

Sachez prendre soin vibratoirement du fonctionnement de vos cellules.

Et le meilleur soin passe par le contrôle de vos pensées et de leurs influences sur vos structures internes.

Nous sommes nos pensées.

La prière est une activité primordiale qui, accomplie cinq fois par jour avec foi et concentration, permet au pratiquant de se recentrer vibratoirement.

Il est également primordial, pour le bon fonctionnement de l'être humain, que ce dernier puisse se réaligner sur « le son de Dieu », cette vibration qui lui est imperceptible, mais qui est propagée dans tout l'univers.

> **Pléiades, Avaël, chapitre X,10 :** « Dieu est un son qui se propage dans tout l'univers. »

> **Pléiades, Avaël, chapitre X,9 :** « Ce mot vous effraie, car il est inaudible à vos oreilles. »

Il est crucial de pouvoir se retrouver dans le silence de la nature, où seuls les bruits de la faune et de la flore se font entendre, car c'est dans ce silence que se réalignent les différentes fréquences de notre être.

« Le son de Dieu », sa vibration parmi nous, est bien trop souvent masqué par le bruit incessant de nos vies citadines.

Dans les années 1960, une expérience mandatée par la NASA auprès de l'Institut pour la psychologie du comportement Max-Planck à Andechs, a confirmé que l'homme a besoin d'être interconnecté avec des sources magnétiques et électromagnétiques naturelles. Des séries d'expérimentations ont été conduites dans des bunkers où des personnes en bonne santé ont été coupées de l'influence du champ magnétique terrestre, ainsi que de la lumière naturelle et du « son de Dieu », de cette vibration cosmique.

Les sujets d'expérience, qui choisissaient librement d'interrompre leur séjour à n'importe quel moment, pouvaient organiser ce séjour à leur gré – lecture, jeux, temps de sommeil, etc. La seule chose impossible pour eux était de prendre contact avec l'extérieur, et ce, afin de ne pas fausser leur notion du temps.

De cette expérience a résulté un constat passionnant : « Dès la sortie de leur demeure, on les a questionnés sur leur appréciation de la durée du séjour. Tous étaient convaincus de n'y avoir passé que peu de jours. Cependant, la durée réelle de ce séjour était significativement plus longue. Par exemple, un des sujets a motivé l'arrêt volontaire de son expérience par la nécessité d'assister au mariage de son frère, prévu le lendemain. Ce "cobaye" était convaincu d'avoir passé au maximum trois jours dans le bunker, mais en réalité neuf jours s'étaient écoulés ! […] La grille du sommeil se modifie aussi de manière frappante. On a pu observer des dysfonctionnements du cycle de menstruation chez les femmes, des modifications de la température du corps ainsi qu'un stress psychique chez les volontaires. Cela signifie que, en nous, tout est relié à une horloge extérieure qui semble synchroniser les vibrations propres au corps. Notre corps ajuste de nombreux taux vibratoires qui sont spécifiques au cœur, au cerveau, à l'œil ou à nos cellules. Il apparaît que ces rythmes propres à notre corps sont calibrés par des champs naturels que la Terre met à notre disposition. »

Cette expérience évoque précisément que tout notre corps a besoin de se réaligner sur la source primordiale. Il est vital de pouvoir le faire au quotidien, si minime soit le temps passé à l'extérieur. Nos principes vitaux en dépendent.

> **Pléiades, Avaël, chapitre XIII,14 :** « Isolez-vous de tout champ magnétique terreste et de toute source lumineuse en provenance de l'espace, et vous verrez vos propres cellules se désorienter petit à petit. »

Les perceptions visuelles

Tout bouge.

Le mur le plus dense à nos yeux n'est qu'une myriade d'électrons qui gravitent autour de leur noyau. Et à l'intérieur de ces atomes, les particules ne sont que l'assemblage d'une multitude de dimensions formées par l'essence énergétique que dépose chaque photon venu heurter la particule.

En somme, tout n'est qu'échange de lumière permanente !

La matière est faite de lumière et elle interagit en permanence avec son environnement.

Notre œil, qui est un formidable capteur de lumière, a la capacité de distinguer les échanges photoniques parmi la matière.

Certains l'ont peut-être plus développé que d'autres… mais la capacité reste inhérente à chaque structure.

Prenez l'exemple de la pénombre. Quand vous êtes dans une pièce tamisée ou dans le noir, vous distinguez l'image des objets comme « en granulé ».

Si vous prêtez attention, c'est comme si l'image que vous percevez était composée de milliards de petits points qui bougent. Vous captez tout simplement les échanges photoniques des particules. Il est même possible de voir un peu « flou », comme si une source de chaleur venait brouiller la netteté de l'image. Vous percevez alors les échanges d'énergies.

En prêtant attention à notre environnement dans la pénombre, il nous est possible de capter ces échanges lumineux.

La formation de différentes « ondes résiduelles » peut donner lieu à des amas d'énergies. Dans la pénombre, ces amas d'énergies sont plus facilement perceptibles. La peur du noir n'est pas infondée chez les enfants, et les formes de silhouettes peuvent paraître plus sombres.

Maintenant, devant un fond blanc en pleine lumière du jour, certaines personnes sont également capables de capter ces échanges lumineux.

Cela se traduit par les fameuses couleurs de l'aura, ces couleurs étant seulement les représentations de la longueur d'onde émise par la lumière.

Et chaque longueur d'onde lumineuse est différente, car son énergie est différente et son spectre de couleurs également.

Ainsi, il est possible de diagnostiquer « éthériquement » la santé d'une personne rien qu'en percevant et décryptant les divers échanges lumineux et diverses longueurs d'onde de son corps avec son environnement.

Selon les traditions anciennes, le troisième œil, celui qui perçoit ces vibrations éthériques, est situé au milieu des deux sourcils, légèrement en hauteur sur le front.

La glande associée au troisième œil est l'épiphyse ou glande pinéale, celle qui est justement située au centre de notre cerveau et qui serait associée au centre de la Terre ou au centre particulaire, si on comparait les schémas du cerveau, de la Terre et de la particule.

Ainsi, plus on se centre et on accède aux capacités intrinsèques enfouies dans notre cerveau, plus les échanges photoniques entre particules nous sont perceptibles.

Plus on travaille sur ses capacités intérieures, plus c'est l'extérieur qui se manifeste sous un autre angle de vue.

Il est fascinant d'avoir accès à ces perceptions et d'observer le va-et-vient incessant de ces différentes longueurs d'onde.

À ce stade, on conçoit pleinement que la matière est faite de lumière !

Communications extrasensorielles

Le photon est le vecteur des ondes lumineuses, mais c'est aussi celui des ondes radio et des rayons gamma.

Par la deuxième dimension enroulée sur le cœur des particules, nous sommes reliés à toute la création.

Le jour où nous parviendrons tous à nous centrer sur cette « porte intérieure » qu'est la deuxième dimension, nous n'aurons plus besoin de passer par un langage extérieur composé de mots qui sortent sous forme de vibrations sonores par notre bouche. Il suffira de nous relier à la deuxième dimension pour ressentir sous forme de vibrations internes ce qu'exprime un interlocuteur. Plus besoin non plus d'apprendre d'autres langues... Les vibrations sont universelles. C'est la fréquence qui donne l'intonation et c'est notre cerveau qui décrypte les différentes fréquences perçues et nous les retranscrit sous forme de mots. C'est ce qu'on appelle la télépathie.

Et peu importe la distance de deux interlocuteurs, car la séparation, rappelons-le, est un leurre macroscopique.

Il nous arrive déjà, à notre échelle, de capter des informations par télépathie.

Nous avons tous déjà expérimenté la sensation de penser à une personne et, l'instant d'après, de la rencontrer « par hasard » dans la rue. Ou encore de penser appeler un proche, d'entendre le téléphone sonner la minute d'après, et de constater que c'est justement l'individu que nous voulions appeler.

Certaines personnes ont relaté avoir ressenti exactement l'heure du décès d'un proche, cette sensation que ce proche est décédé et d'être soi-même envahi d'un sentiment de tristesse.

De nombreux faits similaires ont été répertoriés. L'homme a la capacité ponctuellement de se relier au Tout, à l'inconscient collectif comme on aime l'appeler parfois, et de capter des informations.

Le principe de synchronicité, développé par le psychiatre Carl Gustav Jung, fait tout à fait état de ce sujet. La synchronicité étant définie comme « une occurrence simultanée de deux évènements liés par le sens, non par la cause ».

Certaines personnes sont plus sujettes aux synchronicités que d'autres, comme d'autres sont plus empathiques…

L'empathie aussi fait appel à cette connexion profonde que nous pouvons avoir avec la deuxième dimension particulaire.

Cette sensation de vivre littéralement dans ses cellules le ressenti d'une tierce personne, même sans la connaître.

L'empathie est grandement en lien avec le visuel. Si une personne empathique regarde des scènes de souffrance à la télévision, elle vivra ponctuellement dans son corps la souffrance vue, tandis que les informations perçues de façon « intuitive » n'ont rien à voir avec un quelconque visuel.

Cependant, les deux catégories d'évènements font appel à la deuxième dimension.

Nous avons un potentiel interne qui est d'une immensité insoupçonnable !

Imaginez un instant que chaque personne puisse découvrir et développer ce potentiel. Plus besoin de cellulaire pour communiquer, même si on se rend sur la Lune ou plus loin encore. La simple intention de parler à une personne déclenchera une sorte de sonnerie interne qui l'interpellera. Le lien une fois établi, les interlocuteurs pourront échanger des messages télépathiques en passant par leur deuxième dimension. Et peu importe que la langue parlée ne soit pas la même, le cerveau décryptera parfaitement les différentes vibrations émises et nous les retransmettra sur notre fréquence d'interprétation. Partant, même communiquer avec son chat ou une araignée sera possible. Plus de barrières de langage désormais…

Une autre chose envisageable serait d'interagir avec la matière.

Ce qui reviendrait à communiquer avec son ordinateur par la pensée ou bien à conduire son véhicule par les seules force et capacité mentales.

Je ne saurais encore l'expliquer parfaitement, mais si nous trouvons comment incorporer de l'eau profondément dans les structures internes de la matière inerte, l'eau représentant l'émotionnel, il nous serait alors possible d'interagir avec la matière en passant par notre propre émotionnel.

La pensée est une onde qui véhicule une émotion. Même neutre, chacune de nos pensées cache une émotion.

Si nos « émotions-pensées » pouvaient être dirigées vers une structure capable de recevoir ces vibrations, nous serions tout simplement aptes à transmettre des données par la pensée.

À conduire un véhicule par la pensée ou à écrire une lettre sur son ordinateur par la pensée.

Tout cela peut paraître utopique, mais pas irréel…

Création et manipulation de la matière

Comme il a été mentionné plus haut, nous avons en nous tous les ingrédients pour créer de la matière : une source lumineuse, une source magnétique et un fabuleux outil qui génère des ondes, soit notre cerveau.

Ne pas sous-estimer la capacité de notre cerveau à attirer à lui de la matière qui serait en relation avec les vibrations des pensées émises.

Ainsi, penser à répétition que l'on va avoir un accident, que l'on va être cambriolé ou agressé, formate vibratoirement nos cellules dans une certaine direction, et on peut alors être sûr d'attirer irrémédiablement à soi ce que l'on craint, ce à quoi on pense avec émotions !

La peur est une émotion très puissante qui émet beaucoup d'énergies.

C'est un peu « la loi du chien qui a peur ». Devant un groupe de personnes, un chien qui a peur ira d'instinct agresser celle qui a le plus peur de lui. Comme si la peur attirait la peur. Et le mécanisme de défense sera, dans ce cas, l'attaque. La peur d'être mordu par le chien se voit donc concrétisée dans la matière, car le chien agressera la personne.

Pléiades, Avaël, chapitre X,15 : « Toute particule peut être activée ou désactivée par la seule volonté. Elle est malléable à son gré, car la pensée est une force électromagnétique à gravitation (psychogravité). »

Ce qui revient à dire que nous attirons ce à quoi nous pensons.

Voilà pour ce qui est de la manipulation de la matière. Pour ce qui est de sa création, nous avons déjà parcouru ce sujet dans le chapitre 5, au paragraphe portant sur « le potentiel de création interne de chaque organisme ».

Dans ce chapitre, il ne s'agit pas de manipulation, mais bel et bien de création.

Nous vivons entourés d'une trame éthérique de cœurs de particules désactivés. Il suffit d'une impulsion magnétique pour redonner le tempo au cœur des particules, et la lumière environnante composée de photons chargés viendra combler les deux hémisphères engendrés, laissant de ce fait émerger une particule aux caractéristiques précises. La psychogravité de la pensée pourra donner une direction à ce formatage et la conscience particulaire à l'assemblage de plusieurs particules en atomes.

L'impulsion magnétique est assimilable à un « défibrillateur cosmique » redonnant vie à un cœur de particules « endormi » qui n'attend que cette impulsion pour redonner un tempo et une rotation à ces futurs hémisphères en devenir.

Le photon, qui est le corps de Dieu, son vecteur parmi nous, est assimilable à une « abeille cosmique » qui viendrait butiner de particule en particule et déposer ses charges photoniques pour combler les futurs hémisphères en devenir.

Ainsi, la matière se crée et se défait, mer instable de particules dont la vie est parfois aussi frêle que celle d'un papillon ; nous sommes submergés de toutes parts par ces créations.

Et lorsque la psychogravité de la pensée permet d'assembler de façon cohérente et stable un nombre précis de particules en atomes, la matière peut prendre forme de manière plus stable et moins mutable. Les troisièmes dimensions permettant le contact de chaque particule avec son environnement proche aident de ce fait à tendre un groupe de particules vers le même état quantique.

Nous possédons ce potentiel créateur en chacun de nous. Nous pourrions créer la matière à notre gré si tel était notre désir. Cependant, pour y arriver, il nous faudrait une grande maîtrise de nos émotions, de nos pensées, de nos désirs et de nos intentions.

Ce qui, pour l'heure, n'est pas le cas…

Heureusement que nous n'avons pas encore accès à ce potentiel intrinsèque, car nous ne sommes encore, du moins certains d'entre nus, que des enfants capricieux voulant jouer avec le feu.

Mais tôt ou tard, nous serons confrontés à ce potentiel. Alors, autant en prendre conscience maintenant et tâcher de grandir pour être enfin aptes à le gérer.

La conscience de Dieu et la force de la prière

Depuis des siècles, l'homme a des outils à portée de main pour modeler son environnement.

La prière et la prise de conscience d'un Dieu omniprésent étaient des clés pour mener nos pensées dans une bonne direction.

Chercher Dieu à l'extérieur ne sert à rien. Le lien qui nous permet d'être tous reliés à cette force créatrice, omnisciente et omniprésente est enfoui au plus profond de nos cellules, à l'intérieur de nos particules.

Ainsi, plus on se recueille, plus on a de chances de toucher du doigt cette connexion divine.

La prière permet le recueillement.

Quand elle est faite avec pureté, foi, ferveur et humilité pour toute la création, la prière permet de se relier au Divin.

La pensée est une onde. Nous émettons un nombre incalculable de ces ondes tout au long de la journée. Si je reprends l'exemple de la prière musulmane, le rituel de cette prière, sa récitation et ses consonances vibratoires permettent d'aligner le pratiquant sur une fréquence particulière qui, suivant l'intensité de sa concentration, lui permettra de mieux diriger ses pensées et ses *douhas* (verbalisation de souhaits).

La prière est à répéter cinq fois par jour, à des heures précises. Ainsi, la vie du musulman est interrompue par des réalignements énergétiques qui sont censés lui redonner une direction.

La prière est un magnifique outil qui permet à l'homme de se réaligner cinq fois dans la journée pour se recueillir, avoir un tant soit peu accès au Divin, et formuler et diriger ses pensées.

La conscience que nous portons à Dieu pour toute la création, et nous n'en connaissons que très peu à ce sujet…, nous rend humbles au vu de toute cette beauté, de toute cette perfection. En prendre conscience en est le premier pas, car cela nous offre une dimension étendue du potentiel de capacités qu'il nous est permis de concevoir.

Albert Einstein n'a-t-il pas dit : « La science sans religion est boiteuse, la religion sans science est aveugle » ?

Sachons prendre conscience de Dieu dans toute son ampleur pour réussir à percevoir de quoi est réellement composée la matière…

… soit de lumière…

… le corps de Dieu.

Conclusion

MERCI d'avoir pris le temps de lire cet ouvrage jusqu'au bout.

J'ai conscience qu'il renferme une masse importante d'informations à digérer et interpréter.

J'ai délibérément choisi de ne pas diluer ces informations et d'aller à l'essentiel, au cœur du sujet.

En espérant avoir pu apporter de nouvelles lumières sur la matière.

J'aimerais remercier de tout cœur tous les chercheurs de ce monde qui avancent, chacun sur sa voie, pour aider l'humanité à prendre conscience du formidable potentiel interne de la matière. Toutes les personnes spirituelles qui apportent, goutte après goutte, leur énergie par leur conscience et leurs méditations. Toutes les personnes qui prient et qui apportent, par leur dévotion et leurs prières, l'énergie nécessaire pour restructurer la vibration de l'inconscience sur terre.

J'aimerais aussi simplement rendre hommage à Dieu pour La Création entière et pour nous avoir offert le magnifique cadeau de nous avoir créés à partir de l'étincelle divine.

La pensée est une énergie, une onde. La pensée dirigée, comme lors de prières, est une énergie directionnelle. Pensez à prier pour la Terre et pour l'humanité entière.

Souvenez-vous de « la théorie du centième singe ». Si petite soit la goutte que vous apportez, le nombre fait la force, et chaque particule a la possibilité de mimétiser l'état quantique de sa voisine.

Vous créez le monde dans lequel vous vivez.

Nous pouvons faire de notre vie un enfer ou un paradis par la seule force créatrice de nos pensées. À nous de savoir les orienter…

ÉMERGENCE D'UN NOUVEAU MONDE
L'ENGAGEMENT S'INTENSIFIE

Mouvement fédérateur

Divers éléments d'information convergent à cette heure pour stimuler un mouvement fédérateur à l'intérieur de la mouvance spirituelle que vivent le Québec et la France. Les lecteurs des Éditions Ariane sont bien au fait que les institutions actuelles de l'humanité sont appelées à se transformer de façon majeure. À tour de rôle, les peuples manifesteront leur opposition au joug politique, religieux ou économique et chercheront des voies alternatives de fonctionnement en société. Ces voies alternatives sont en train d'être révélées à ceux qui sont prêts à les vivre. Déjà, sur le plan de la relation avec la Terre nourricière, plusieurs initiatives sont bien en marche. Cependant, pour vous, chers lecteurs, l'intérêt premier est aussi de recevoir, des êtres qui guident l'humanité, une vision et des outils catalyseurs de la transformation aujourd'hui essentielle. Comment émergera le Nouveau Monde ?

Comment pouvons-nous participer à la transition de la présente société à une société de paix ? Comment transformer nos institutions actuelles de prime abord si puissantes ? Comment sera organisée la société dans le Nouveau Monde ? Par exemple, quelle forme prendront nos cités ?

Quelle relation aurons-nous avec la nature et plus particulièrement avec la conscience dans la nature? Enfin, comment évolueront les premiers contacts avec les frères de l'extraterre et de l'intraterre ?

Se rassembler

Les défis qui nous attendent sont importants et il devient essentiel de s'accorder un moment pour se rencontrer tous ensemble et partager, pour s'encourager tout au long du chemin. Tel sera le but de nos conférences tout en présentant notre rapport sur l'émergence du Nouveau Monde.

En général, nous proposerons un événement sur deux jours. Le premier jour sera organisé de façon plus traditionnelle, mais le deuxième sera interactif et structuré en vue de créer une ambiance favorisant un ressenti réel de notre nature profonde. Potentiellement une expérience de groupe puissante et « guidée » afin de stimuler des prises de conscience collectives importantes. La guidance est orientée afin qu'en groupe nous créons un lien interactif avec la grille de conscience nouvelle acuellement en formation autour de la Terre, et ainsi participer à son émergence dans notre réalité. (Voir « Émergence d'un nouveau monde » et autres conférences Ariane sur Youtube.

Triangle d'émergence du Nouveau Monde

Nos conférences viseront aussi à créer un lien spécial entre trois régions de la planète. On nous informe qu'en Amérique du Nord, la Californie et le Québec sont particulièrement sensibles au processus planétaire en cours. En Europe, plusieurs régions autour de la Méditerranée le sont aussi, surtout le sud de la France et le sud-est de l'Espagne. En Amérique du Sud, on remarque le Brésil et les Andes, notamment la région de la Patagonie, (Argentine, Chili). Ariane Éditions organise donc ses conférences afin d'optimiser un lien énergétique et informationnel entre le Québec, la France et l'Amérique du Sud. Les dates des conférences sont choisies de telle sorte que chacun puisse profiter d'un moment de l'année inspirant avant tout par la beauté de la nature. Ainsi, au Québec, ces conférences auront lieu au début octobre, pour son festival d'arbres en couleurs. Dans le sud de la France, cela se passera au mois de mai, alors tout en fleurs. Et en Patagonie, ces conférences se tiendront en janvier, qui correspond à l'été austral.

Marc Vallée, Éditeur
info@editions-ariane.com

Rejoignez-nous sur notre Facebook

Visitez notre site web pour informations

www.editions-ariane.com

Rejoignez-nous sur notre Facebook

www.facebook.com/EditionsAriane

Pour de plus amples informations,
info@editions-ariane.com
Tel. : (514) 276 2949

Livres publiés aux Éditions Ariane

Auteur	Titre	Année de parution
Gregg Braden	**Vérité essentielle**	(2012)
Tom Kenyon	**Les Hathors**	(2012)
Alejandro Junger	**Clean**	(2012)
David Wilcock	**Investigations sur le champ de conscience**	(2012)
Rosanna Narducci	**Conclave 11 :11 :11**	(2012)
Tal schaller	**Naissance d'une Humanité consciente**	(2012)
Lise Coté	**Le féminin Sacré actualisé**	(2012)
José Arguelles	**Le livre du Trône**	(2012)
Daniel Meurois	**Pionnier de l'Éveil**	(2012)
Michael Brown	**Le processus de la Présence**	(2012)
Pierre Lessard	**Histoire sacrée, Pérou Tome 1**	(2011)
Kryeon	**2012 Le Grand Rassemblement**	(2011)
Claire Heartsong	**L'union des flammes jumelles**	(2011)
Michael J. Roads	**Avec les yeux de l'amour, tome 1 et 2**	(2011)
James Tyberonn	**Les chroniques des gardiens de la Terre**	(2011)
Lee Caroll	**Les Douze couches de l'ADN**	(2011)
Lee Caroll	**Entretiens avec Kryeon**	(2011)
Bruce H. Lipton	**Évolution spontanée**	(2011)
Penney Peirce	**Fréquence**	(2011)
Neale DonalD Walsch	**La Mère de l'invention**	(2011)
Neale DonalD Walsch	**Quand tout change changez tout**	(2011)

ARIANE BOUTIQUE en ligne

www.editions-ariane.com/boutique/

Canada : ADA Diffusion—(450) 929-0296 —www.ada-inc.com

France, Belgique : DG DIFFUSION —05.61.000.999 —www.dgdiffusion.com

Suisse : Servidis diffusion—23.42.77.40 —www.servidis.ch